“十二五”职业教育国家规划教材
经全国职业教育教材审定委员会审定

物业管理

物业管理法规

WUYE GUANLI FAGUI

王锡耀／编著

中国人民大学出版社
·北京·

前 言

教材建设是课程建设的重要组成部分，是实现人才培养目标的保证。就物业管理专业人才培养目标而言，“物业管理法规”课程是物业管理专业的核心主干课程。

本教材在编写思路上，对传统教材编写模式进行了改革，体现“以实践教学为基础，以能力培养为中心”的编写思路。改革教材内容，突出三个基本点：第一，改革传统教材编写模式，建立具有职业教育特色的教材体系。以培养学生的实际动手能力为主线，对传统教材编写模式进行了改革。第二，改革教材内容，依据专业培养目标和岗位需求确定教材内容。理论知识内容以必需和够用为度，其广度和深度取决于学习专业课的需要，侧重实践性。在编写中按照弱化理论知识、强化技能训练的思路，根据职业教育培养目标，确定编写教材的内容。因此，教材中案例内容占较大的比重。本教材的编写，还注意体现新的教学方法，创造条件引导学生积极实践，让学生主动参与，培养学生分析和解决问题的能力。第三，深入物业管理企业，了解在物业管理和服务中涉及的主要法律问题，与企业一线管理人员共同研讨教材编写思路。

本教材编写有以下特点：第一，注意教材的基础性。因职业院校学生学习基础相对薄弱，所以本教材对基本概念、基本理论、基本方法的论述深入浅出、清楚明白；对内容的编排由易到难、循序渐进，并注重教材的连贯性、衔接性，针对职业院校学生的学习特点来编写本教材，从而使学生能够较好地掌握基础知识。第二，从相应的职业岗位（群）或技术领域的要求出发，按照这类人员应具备的理论知识、实践技术、专业技能和全面素质来设计，突破以学科本位的逻辑体系来设计课程的方式，强调以能力为本位，不片面追求知识的系统性、完善性。课程按知识的相关程度划分若干模块，专业知识提前渗透，实践教学相对独立，与理论教学平行并进，课程之间的教学内容有机衔接、灵活配合。只有科学地构筑课程体系、理顺课程间的关系，才能确定教材编写的内容范围，防止出现遗漏或重复。第三，围绕人才培养目标，基于“工作过程系统化”构建内容体系。本教材在内容构建上尽量与实际工作过程相联系，让学生获得一种全面、和谐、切实有效和有用的教育培训，将典型的职业工作任务和职业工作过程的经验和知识融入本教材中，以从业中实际应用的经验和策略的学习为主，以适度够用的对概念和原理的理解为辅，即以过程性知识为主、陈述性知识为辅。保持课程学习中工作过程的整体性，让学生在完整、综合的行动中进行思考和学习。

本教材在体例上、内容上大胆尝试创新，力求体现教材特色。主要体现在如下几个方面：第一，采用项目、任务制编写体例，几个任务构成一个项目，而非通常的按照章、节体例编写；第二，每个项目设有知识目标、能力目标；第三，每个任务采用案例导学，明确工作任务；第四，任务中既有案例分析，又有案例实务操作。这样的体例，体现了工学结合和岗位能力的培养，以案例示范、项目驱动，凸显理论与实践结合，教、学、做合一。在内容上，本教材在编写过程中，按照理论以必需、够用为度，实践以应用、实用为准的原则，从易到难、从简单到复杂，在内容的取舍上做了创新。比如“项目八 物业管理纠纷与处理”，考虑到此内容在岗位中的实际需要，与其他教材采用笼统编写的做法不同，本教材分四个任务进行详细阐述，涉及装修管理、车辆管理、物业管理客户投诉与处理。再比如，物业管理招投标这一内容，应该属于物业法规重要内容，但考虑目前职业院校物业管理专业大都把物业管理招投标作为一门课程设置，也有《物业管理招投标》这样的教材，为避免重复，便没有把此内容编在本教材之中。

本教材在编写过程中，得到了浙江绿城物业管理有限公司、浙江南都物业管理公司、浙江耀江物业管理有限公司、上海世茂物业管理有限公司等多家公司的支持与帮助，也得到了很多同行、专家的指点，参阅了不少同类教材、著作、论文和案例，在此一并致谢！由于作者理论水平和实践能力有限，书中难免疏漏和不当之处，恳请广大读者批评指正！

目　录

项目一 法及物业管理立法

学习目标

知识目标：了解法及法律的基本知识；了解物业管理行业的发展历程，以及国内外物业管理法律的产生和发展过程。

能力目标：了解并掌握法律规范，学会分析在物业管理过程中的法律行为与法律结果之间的因果关系。

任务一 法及法律

案例导学

某日，某城市花园的保安人员在检查进小区车辆时，发现某车辆上装载的107胶时有洒落，随后保安进行了清除。当晚下雨，次日下午1时，业主孙某（73岁）行至该处，踩到未清除干净的107胶而摔倒，遂被送到医院进行治疗。医院诊断孙某损伤系“颈椎外伤，脊髓损伤伴不全瘫”，确定为四级伤残。

孙某以物业服务企业未及时履行清扫、保洁义务造成其人身损害为由，诉至某区人民法院，要求该物业服务企业承担民事责任，赔偿其医疗费、营养费、误工损失费、残疾补偿费、精神损失费共计89 763.4元。

一审法院判决认定，该物业服务企业未清洁道路上的107胶，孙某损害结果的发生与该物业服务企业疏于管理存在着必然的因果关系，因此，对孙某的经济损失，该物业服务企业应承担赔偿责任，即赔偿医疗费等合计89 763.4元。

一审判决后该物业服务企业以一审法院赔偿过高为由提出上诉。该物业服务企业认为一审法院未能确定侵害人、责任人，未查明孙某致伤因果关系，草率认定其负有全部责任，有悖“以事实为依据，以法律为准绳”的原则。

二审法院判决认为，该物业服务企业和孙某系物业管理关系，作为管理部门应当保证小区内及辖区内的清洁，现由于道路上的107胶导致孙某摔伤，物业服务企业应承担主要责任。孙某系完全民事行为能力人，应该预见自己的行为，由于其行走不慎摔伤，亦应承担一定责任。因此对孙某的经济损失，物业服务企业承担部分赔偿责任，即住院治疗费等合计89 763.4元的80%，即71 810.7元。孙某自行承担损失的20%，即17 952.7元。

试问，物业服务企业是否应当承担赔偿责任？

评析：

判定物业服务企业是否应当承担赔偿责任的核心在于物业服务企业在提供服务时是否按照物业服务企业与业主之间签订的服务合同来提供相应的服务。维护物业区域内的环境卫生是物业服务合同的一项基本内容，物业服务企业必须履行保洁义务，为业主提供一个安全、舒适的小区环境，若在合同履行过程中存在不当行为，就要承担相应的法律责任。对此，《物业管理条例》第三十五条第二款规定：“物业服务企业未能履行物业服务合同的约定，导致业主人身、财产安全受到损害的，应当依法承担相应的法律责任。”本案中，物业服务企业在清洁辖区路面时清除不净，理应预料到下雨天遗留在路面上的107胶可能会导致行人摔伤，却因疏忽大意而不作为，当然应当承担违约责任。

孙某作为具有完全民事行为能力人，应当预见到雨后地面湿滑，有滑倒摔伤的危险性，也应在走路时提高注意力。孙某没有预见，或虽有预见但抱有侥幸心理而轻信不会发生危害结果，即主观上存在疏忽大意的过失，因此也应当承担一定的民事责任。

综上所述，二审人民法院的判决结果是合理合法的。

一、法的概念、本质和特征

（一）法的概念

法是国家意志的表现，是由国家制定或认可，以权利义务为主要内容，具有普遍约束力并受国家强制力保证实施的行为规则的总称。

（二）法的本质

法的本质可以归结为两方面：第一，法是统治阶级意志的体现；第二，法的内容是由统治阶级的物质生活条件决定的。

（三）法的特征

1. 法是调整人的行为的社会规范

这主要表现在：（1）法对人们如何行为提出了明确的指示；（2）法的内容具有一般性和概括性；（3）法是反复适用的。

2. 法是国家制定或认可的社会规范

法区别于其他社会规范的不同之处在于，法是由国家创立的社会规范。国家立法的方式主要有两种：一是制定；二是认可。

3. 法是规定权利和义务的社会规范

法通过规定人们的权利和义务，以权利和义务为机制，影响人们的行为动机，指引人们的行为，调整社会关系。权利与义务是对立统一的，它们之间相互对立、相互依存、相互转化。

4. 法是由国家保证实施的社会规范

法的强制性不同于其他规范之处在于，法具有国家强制性。

二、法的作用

（一）指引作用

法对人的行为的指引可分为两种：一种是个别指引（或称个别调整），即通过一个具体的指示对具体的人和情况的指引；另一种是规范性指引（或称规范性调整），即通过一般的规则对同类的人或情况的指引。

（二）评价作用

作为一种社会规范，法律具有判断、衡量他人行为是否合法或有效的评价作用。这里讲的评价作用的对象是他人的行为。在评价他人行为时，总要有一定的、客观的评价准则。法是一个重要的、普遍的评价准则，即根据法来判断某种行为是否合法。此外，作为一种评价准则，与政策、道德规范等相比，法还具有比较明确、具体的特征。

（三）教育作用

作为一种社会规范，法还具有教育作用。这种作用的对象是一般人的行为。有人因违法而受到制裁，对一般人以至受制裁人本人有教育作用。反过来，人们的合法行为以及其法律后果也同样对一般人的行为具有示范作用。

（四）预测作用

法的预测作用，或者说，法有可预测性的特征，是指依靠作为社会规范的法，人们可以预先估计到他们相互之间将如何行为。预测作用的对象是人们相互的行为，包括国家机关的行为。

（五）强制作用

法的另一个规范作用在于制裁、惩罚违法行为和犯罪行为。这种规范作用的对象是违法者的行为和犯罪行为的自然人、法人或者其他组织。法的强制行为不仅在于制裁违法犯罪行为，而且还在于预防违法犯罪行为，增进社会成员的安全感。

三、法律规范

（一）法律规范的概念

法律规范是国家意志的表现，是通过一定的法律条文表现出来的，具有一定内在逻辑结构的特殊行为规则。例如，《物业管理条例》第三十二条第一款规定：“从事物业管理活动的企业应当具有独立的法人资格。”第五十九规定：“违反本条例的规定，未取得资质证书从事物业管理的，由县级以上地方人民政府房地产行政主管部门没收违法所得，并处5

万元以上 20 万元以下的罚款；给业主造成损失的，依法承担赔偿责任。”

（二）法律规范的种类

1. 授权性规范、义务性规范和禁止性规范（调整方式不同）

授权性规范，就是法律所规定的法律主体可以做出或不做出某种行为的法律规范，以及可以要求他人做出或不做出某种行为的法律规范。根据这类规范，主体既可以行使权利，也可以放弃权利。根据《物业管理条例》第十二条的规定，业主大会会议可以采用集体讨论的形式，也可以采用书面征求意见的形式。

义务性规范，就是规定主体必须做出某种积极行为的法律规范。根据这类规范，主体必须履行自己的责任。例如，《公司法》第六十二条规定：“一人有限责任公司应当在每一会计年度终了时编制财务会计报告，并经会计师事务所审计。”《物业管理条例》第二十一条规定：“在业主、业主大会选聘物业服务企业之前，建设单位选聘物业服务企业的，应当签订书面的前期物业服务合同。”

禁止性规范，就是规定主体不许做出某种行为的法律规范。根据这类规范，主体必须禁止某种行为。例如，《公司法》第一百四十七条第二款规定：“董事、监事、高级管理人员不得利用职权收受贿赂或者其他非法收入，不得侵占公司的财产。”

2. 强制性规范和任意性规范（强制性程度不同）

强制性规范，就是必须依照法律适用、不能以个人意志予以变更和排除适用的规范。强制性规范表现为义务性规范和禁止性规范两种形式，或者说义务性规范和禁止性规范绝大部分都属于强制性规范。

任意性规范，就是允许主体变更、选择适用或者排除该规范的适用。

四、法律责任

（一）法律责任的含义

法律责任是指因违反了法定义务或契约义务，或不当行使法律权利、权力所产生的，由行为人承担的不利后果。

（二）法律责任的特点

（1）法律责任首先表示一种因违反法律上的义务（包括违约等）关系而形成的责任关系，它是以法律义务的存在为前提的。

（2）法律责任为一种责任方式，即承担不利后果。

（3）法律责任具有内在逻辑性，即存在前因与后果的逻辑关系。

（4）法律责任的追究是由国家强制力实施的。

（三）法律责任的分类

根据违法行为所违反的法律的性质，可以把法律责任分为民事责任、刑事责任、行政责任和国家赔偿责任。

（1）民事责任是指由于违反民事法律、违约或者由于民法规定所应承担的一种法律责任。

（2）刑事责任是指行为人因其犯罪行为所必须承受的，由司法机关代表国家所确定的法律后果。

（3）行政责任是指因违反行政法规定而应承担的法律责任。

（4）国家赔偿责任是指在国家机关行使公权力时，由于国家机关及其工作人员违法行使职权所引起的由国家作为承担主体的赔偿责任。

此外，根据主观过错在法律责任中的地位，可以把法律分为过错责任、无过错责任和公平责任；根据行为主体的名义，可分为职务责任和个人责任；根据责任承担的内容，可分为财产责任和非财产责任。

（四）法律责任的构成要件

法律责任的构成要件是指构成法律责任必须具备的各种条件或必须符合的标准，它是国家机关要求行为人承担法律责任时进行分析、判断的标准。根据违法行为的一般特点，我们把法律责任的构成要件概括为主体、过错、违法行为、损害事实和因果关系五个方面。

1. 主体

法律责任的主体是指违法主体或者承担法律责任的主体。责任主体不完全等同于违法主体。

2. 过错

过错即承担法律责任的主观故意或者过失。

3. 违法行为

违法行为是指违反法律所规定的义务、超越权利的界限行使权利以及侵权行为的总称，一般认为违法行为包括犯罪行为和一般违法行为。

4. 损害事实

损害事实即受到的损失和伤害的事实，包括对人身、财产、精神（或者三方面兼有的）的损失和伤害。

5. 因果关系

因果关系即行为与损害之间的因果关系，它是存在于自然界和人类社会中的各种因果关系的特殊形式。

五、归责与免责

（一）归责

归责是指对违法行为所引起的法律责任进行判断、确认、归结、缓减以及免除的活动。

归责一般必须遵循以下法律原则。

1. 责任法定原则

其含义包括：

（1）违法行为发生后应当按照法律事先规定的性质、范围、程度、期限、方式追究违法者的责任；作为一种否定性法律后果，它应当由法律规范预先规定。

（2）排除无法律依据的责任，即责任擅断和“非法责罚”。

（3）在一般情况下要排除对行为人有害的既往追溯。

2. 因果联系原则

其含义包括：

（1）在认定行为人违法责任之前，应当首先确认行为与危害或损害结果之间的因果联系，这是认定法律责任的重要事实依据。

（2）在认定行为人违法责任之前，应当首先确认意志、思想等主观方面因素与外部行为之间的因果联系，有时这也是区分有责任与无责任的重要因素。

（3）在认定行为人违法责任之前，应当区分这种因果联系是必然的还是偶然的、是直接的还是间接的。

3. 责任相称原则

其含义包括：

（1）法律责任的性质与违法行为性质相适应。

（2）法律责任的轻重和种类应当与违法行为的危害或者损害相适应。

（3）法律责任的轻重和种类应当与行为人主观恶性相适应。

4. 责任自负原则

其含义包括：

（1）违法行为人应当对自己的违法行为负责。

（2）不能让没有违法行为的人承担法律责任，即反对株连或变相株连。

（3）要保证责任人受到法律追究，也要保证无责任者不受法律追究。

（二）免责

免责是指行为人实施了违法行为，应当承担法律责任，但由于法律的特别规定，可以部分或全部免除其法律责任，即不实际承担法律责任。

免责的主要情形有：时效免责；不诉免责；自首、立功免责。

六、法律责任的种类

（一）民事法律责任

民事法律责任包括：停止侵害、排除妨碍、消除危险、返还财产、赔偿损失、消除影响、恢复名誉、赔礼道歉等。

（二）行政法律责任

行政法律责任主要分为行政处罚和行政处分。

（1）行政处罚包括：警告、罚款、没收违法所得、责令停产停业、暂扣或吊销许可证、暂扣或吊销执照、行政拘留等。

（2）行政处分包括：警告、记过、降级、降薪、撤职、留用察看、开除等。

（三）刑事法律责任

刑事法律责任主要分为主刑和附加刑。

（1）主刑包括：管制、拘役、有期徒刑、无期徒刑、死刑。

（2）附加刑包括：罚金、剥夺政治权利、没收财产。

任务二　物业管理立法

案例导学

某小区有一片敞开式绿地花园，傍晚时分，不少业主都喜欢带着孩子在这里穿行、坐卧、嬉戏，导致绿地局部草皮倒伏、植被破坏、黄土裸露，不得不反复重植。这成为小区管理中的一个难题，物业服务企业想了许多办法，都未奏效。

物业服务企业拓宽思路，采取了教、管、疏相结合的新招数，效果明显。

教——加大宣传力度，提高宣传艺术。首先将警示牌由通道旁移至人们时常穿越、逗留的绿地中，同时将警示语由“请勿践踏草地，违者罚款”更改为“足下留情，春意更浓”，让人不忍践踏草地。

管——配足护卫力量，强调全员管理。针对午后人们出入较多的特点，此间的中班护卫指定一人重点负责绿地的巡逻，同时规定物业服务企业其他员工若发现有人践踏绿地，要主动上前劝阻，把绿地管理作为重要工作事项。

疏——营造客观情境，疏导游人流向。在只有翻越亭台才能避开绿地通行的地段，增铺人行通道；同时把绿地喷灌时间由早晨改为傍晚，保持人流密度大的时段内绿地清新湿润，使人们尽享自然。

评析：

改变人们的劣习，宣传教育工作必不可少，以宣传教育为主，辅之以管。既要讲道理，使之不想；又要有相关的强有力的措施，使之不能、不敢。久而久之，劣习得到纠正，良习成了自然。

一、物业的概念及法律属性

（一）物业的概念

“物业”一词译自英语 property 或 estate，由我国香港地区传入内地，其含义是指以土地及土地上的建筑物形式存在的不动产。物业既可指单元性的地产，也可指单元性的建筑物。物业有大小之别，它可以根据区域空间作相对分割，整个住宅小区中的某住宅单位可作为一物业，办公楼宇、商业大厦、酒店、厂房仓库也可被称为物业。物业应是房产和地产的统一。

（二）物业的法律属性

物业作为非常重要的不动产，有着自己独特的法律属性。从上述物业的含义中，可以概括出物业具有以下五个主要法律属性。

1. 不动产性

不动产是指在空间上占有固定位置，不能移动或移动后会引起性质、形状改变或影响其经济价值的物（财产）。我国最早对“不动产”一词含义作出明确界定的是 1986 年 1 月 26 日最高人民法院《关于贯彻执行〈中华人民共和国民法通则〉若干问题的意见（试行）》第一百八十六条的规定：土地、附着于土地的建筑物及其他定着物、建筑物的固定附属设备为不动产。该条规定是针对“不动产”用语所进行的司法解释。《担保法》第九十二条第一款规定：“本法所称不动产是指土地以及房屋、林木等地上定着物。”《不动产登记暂行条例》所称不动产，是指土地、海域以及房屋、林木等定着物。至于到底何物为“定着物”，我国民事法律至今未给出准确、完整的界定，但理论界一般均认为房屋、林木以外的尚未与房地产分离的固定附属物（如草坪、花圃等）等都属于“定着物”的范围。当然，物业虽具有不动产的属性，但是，物业并不完全等同于不动产，物业的范围要小于不动产的范围。物业管理中的“物业”，并不包括不动产中的农用地和未利用地。

2. 专有性

物业的专有性与物业的单元性是密切相关的。物业的单元性是以大陆法系的“建筑物区分所有权”制度为其产权理论基础的，与各区分所有权人对建筑物享有专有权的专有部分紧密相连。专有部分主要是指通过一定方式而对建筑物加以区分，由此所分割出的且具有建筑构造上的独立性和使用上的独立性的部分房屋。专有部分的范围一般认为以墙壁、柱、地板、天花板等墙界部分的中心线为界限，中心线以内组成的空间为业主的专有部分。在墙界中心线以外的建筑物本体以及附属设备均视为专有部分。对于物业的专有部分，人们可根据经济上或管理上的需要，将各区分所有权的建筑物和有特定四至范围的建设用地及其附着物确定为一宗财产，以便确权、交换、使用或管理。

3. 使用的长期性

物业在使用上的长期性体现在以下两个方面：第一，从构成物业基础的土地来看，它对房地产开发具有永续利用的特点。第二，房地产开发上所开发的物业的使用期限一般可达几十年乃至上百年。但物业在使用上的长期性并不是绝对的，它受到国家实行的土地有期限使用制度的制约。即土地和房屋本身可以长期使用，但对具体的某个使用者来说，又是有一定使用年限限制的。我国《城镇国有土地使用权出让和转让暂行条例》规定了土地使用权出让最高年限：居住用地为 70 年；工业用地为 50 年；教育、科技、文化、卫生、体育用地为 50 年；商业、旅游、娱乐用地为 40 年；综合或其他用地为 50 年。

4. 法律与政策制约性

物业是具有稀缺性的，并且关系国计民生、社会稳定。任何国家或地区对物业的使用、支配多少都有一些限制。因此，加强政府对物业及物业市场的宏观调控也显得十分必要。物业受法律和政府政策的影响主要体现在以下两个方面：一是限制权利。即政府基于公共利益的需要，可通过相应的法律和政策限制某些物业的开发、使用、转让等，如城市规划对土地用途和建筑高度、容积率、覆盖率等都有明确的规定。二是行政征用或征收权。政府为满足社会公共利益的需要，可以对任何物业实行有条件甚至强制征用或征收。

5. 经营性与服务性

物业主要是指与房地产特别是住宅相关的产业。物业被定位于“产业”，说明它具有经营性。物业的另一个重要特征便是它的服务性。因为物业本身属于第三产业即服务业，物业管理的主要服务对象是人，通过管理者的热情服务，为人们创造一个舒适、安全、优美、文明的生活空间和生存环境。由于这种服务活动进入了商品流通领域，所以它应该是有偿的，通过具体服务活动来体现物业服务的商品属性。

二、国内外物业管理立法

（一）国外物业管理立法

国外关于物业管理的立法具有以下四个主要特点：

（1）以建筑物区分所有权的立法为轴心，形成关于多层高层楼宇和住宅区的物业管理多种立法模式。多种立法模式包括：

1）民法模式。指在民法典中设专章或专节予以规定，以瑞士、意大利为代表。1907年12月10日瑞士公布的民法典对第四编的物权法加以修正，增加了“分层建筑所有权”一节；1942年意大利新民法典增列的第七章第二节规定“ 建筑物（大厦）之共有”。

2）住宅法模式。指在本国住宅法中设专章或专节予以规定，英美法系的英国、加拿大、澳大利亚、新西兰等国家采取此模式。

3）单行特别法模式。又称建筑物区分所有权法模式，指针对区分所有建筑物的产权关系和管理关系的复杂性特点而进行专门立法，颁布单行法律，绝大多数大陆法系国家都这样做。

（2）在以法律明确区分所有建筑物财产权中的专有权和共有权的同时，确立业主们对区分所有建筑物及附属物涉及公用部分和公共利益事务的共管权，亦即业主管理团体的成员权。

（3）通过适时的立法修正和完善，对于区分所有物业的管理的组织和操作体制，特别是住宅楼宇类物业的业主团体自治管理和托管运作方式作出了较为详细周全的规定。

（4）关于建筑物区分所有权这一概念，各国基于不同的法律理念产生了不同的认识和诸如“一元论”“二元论”“三元论”“享益部分说”等不同学说，各国立法所采用的该概念表达词也不尽相同。

（二）国内物业管理立法

国内物业管理立法具有以下三个主要特点：

1. 实践先行，立法跟进较慢

改革开放之初，借鉴我国香港地区物业管理经验，1979年10月广州东华实业公司对广州市东湖新村实行“综合管理、有偿服务、以业养业、自我发展”的物业管理模式，1981年3月10日深圳市物业管理公司成立，专业化的物业管理就开始在一些城市陆续付诸实践，并取得较好效果。但是，由于房地产管理制度改革落后于房地产投资体制和建设方式的改革，新型物业管理模式被看做只是房地产管理的技术性改良，而未能及时纳入房改文件在全国推行。随着经济体制和住房制度改革逐步深化和社会生产力发展，城市化逐渐加快速度，城市建设规模日益扩大，建设项目日益增多，国家和地方对住宅建设投资力度不断加大，以多层、高层楼宇为主的新建住宅小区和房地产开发建设的建筑成果越来越多，公房出售给职工的数量也越来越多，物业产权权属的多元化格局已相应形成。但在沿用传统房地产管理体制的情况下，受长期以来形成的“重生产重建设、轻生活轻经营、更轻管理和服务”“建管脱节”的影响，不管是房地产管理部门直接管理的，还是单位自管的，或是街道办事处管的住宅小区和各类房屋，都不同程度地存在着管理机构不健全、管理经费无渠道、管理工作不到位等一系列的问题。尤其是新建的住宅小区，虽然居住条件和配套建设都有了明显的改善，但是由于缺乏有效管理，小区面貌“一年新、二年旧、三年破”“环境脏乱差”的问题十分突出，加上社区管理和服务跟不上，居民意见很大，甚至出现集体上访的现象。对此，各级政府和有关部门都曾进行过大量的治理整顿工作，也取得了一定成效，但始终未能从根本上和长效上解决问题。直到 1989 年，通过对比物业管理与传统房屋管理的实践效果，认识到物业管理不仅仅是一种房地产管理技术方面的改良，还应当是中国房地产管理经营体制和城市管理体制方面重大革新的突破口，于是建设部高度重视物业管理新模式，开始有计划地组织物业管理新模式在住宅建设试点小区的应用，组织全国文明住宅小区的考评活动，有力地推动了新建住宅小区物业管理的实施。

2. 住宅区物业管理先行，非居住物业管理立法有待充实

中国物业管理实施的开始和重点是住宅小区，国家颁布的第一部关于物业管理的行政性法规就定名为《城市新建住宅小区管理办法》。在《关于加强公有住房售后维修养护管理工作的通知》中，一方面明确要求公房出售后，应推行社会化、专业化的管理模式，实行业主自治管理与物业服务企业专业化管理相结合，按照建设部第 33 号令《城市新建住宅小区管理办法》的原则规定实施管理；另一方面也指出各级房地产管理部门要以住房制度改革为契机，改变过去直管公房政府直接管理的方式，公房出售后，原承担公房管理的单位和部门要尽快适应形势，转变观念，加快经营机制转变，转制为物业服务企业。1994 年建设部对已按物业管理模式进行管理的住宅区、综合大厦进行评比，1996 年扩展到标准厂房工业区，极大地推动了全国物业管理的规范化和覆盖面。1996 年以来，非居住物业实行物业管理的潮流涌动，并且突破了早在 1962 年第一次全国城市工作会议上党中央、国务院就确定的、1992 年建设部下发建房［1992］22 号文件重申要坚持的城市国有房屋由政府房管部门实行专业化统一经营管理的方针局限。2000 年 1 月 14 日深圳万科物业有限公司接管了建设部大院（包括办公楼和住宅区）38 万平方米的物业，这是国家机关后勤管理体制全面改革的一个信号，也是将非居住物业纳入物业管理潮流的典型性表现。现行物业管理的行政性法规、地方性法规和行政规章，基本上是直接针对住宅区居住物业的管理制定的，而对写字楼等非居住物业的管理只简单地规定可参照住宅区物业管理规范性文件执行。省级物业管理规范文件中，只有重庆市政府出台的《重庆市物业管理办法》试图将非居住物业与居住物业一样直接纳入该办法适用范围，但就其规定的内容而言，也未能针对非居住物业管理的特殊性作出相应的一些特别规定。因此，中国有关非居住物业管理的立法内容还有待充实。

3. 物业管理体现中国特色，法理创新还需努力

中国内地的物业管理及立法规定，虽然借鉴了中国香港、英国、新加坡等国家和地区的做法，但必然要结合中国的国情和各地方特点逐步建设起具有中国特色的物业管理体制和法律制度体系。对物业管理中非中国特色的部分，如对物业的技术性管理部分、共用部位划分等，立法可直接借鉴和选择采用国际法学界已成熟的有关法学理论作出具体规定，但对物业管理中具有中国特色的部分，如对人管理的社会主义精神文明和社区文明的体现、物业管理方与居民委员会关系的协调等，在立法上有所或应当有所规定，而这类规定所依据的法学理论尚待进一步创新和系统化。

2003 年 9 月 1 日，我国第一部《物业管理条例》正式施行，对规范物业管理、维护业主和物业服务企业的合法权益、改善人民群众的生活和工作环境，提供了重要的法律依据。

《国务院关于修改部分行政法规的决定》国务院令第 666 号，自 2016 年 3 月 1 日起施行，根据决定第三十五条之规定，删去《物业管理条例》第三十三条、第六十一条。

根据《中华人民共和国物权法》的有关规定，国务院决定对《物业管理条例》进行修订，2007 年 10 月 1 日，执行修订后的《物业管理条例》。

项目小结

法是国家意志的表现，是由国家制定或认可，以权利义务为主要内容，具有普遍约束力并受国家强制力保证实施的行为规则的总称。法的本质可以归纳为两方面：第一，法是统治阶级意志的体现；第二，法的内容是由统治阶级的物质生活条件决定的。法的特征主要表现在：法是调整人的行为的社会规范；法是国家制定或认可的社会规范；法是规定权利和义务的社会规范；法是由国家保证实施的社会规范；法的强制性不同于其他规范之处在于法具有国家强制性。法律规范是国家意志的表现，是通过一定的法律条文表现出来的，具有一定内在逻辑结构的特殊行为规则。

物业作为非常重要的不动产，有着自己独特的法律属性。从上述物业的含义中，可以概括出物业具有以下五个主要法律属性：不动产性、专有性、使用的长期性、法律与政策制约性、经营性与服务性。国内物业管理立法具有三个特点：实践先行，立法跟进较慢；住宅区物业管理先行，非居住物业管理立法有待充实；物业管理体现中国特色，法理创新还需努力。

职业实训练习

- **实训目的**

（1）了解物业管理中涉及的主要法律问题；

（2）熟悉物业管理过程中主体之间存在的主要法律关系；

（3）学会处理物业管理过程中的矛盾和纠纷。

- **实训内容**

到某小区收集 1～2 个业主与物业服务企业之间发生法律纠纷的真实案例。

- **实训要求**

(1) 分析业主与物业服务企业之间发生法律纠纷的原因；

(2) 找出纠纷主体之间的主要法律关系；

(3) 提出解决的办法或者意见。

项目二

物业管理法律关系

学习目标

知识目标：了解并掌握物业管理法律关系的主体、客体与内容，以及物业管理法律关系的主体之间存在的主要法律关系；熟悉并知晓物业管理法律关系产生、变更和消灭的条件。

能力目标：能运用掌握的物业管理法律关系的主体之间存在的主要法律关系分析、解决物业管理实际案例。

任务一 物业管理法律关系概述

案例导学

某年6月，李先生以105.2万元购买了一套商品房别墅，面积为200.4平方米，并进行了豪华装修，花费近50万元，还买了家具及日常生活用品。同年8月，李先生一家人正准备乔迁新居，谁知装饰一新的房子被水泡了。此后，该套商品房因长期漏水、经常污水回流无法居住，且由于房屋长期潮湿，致使电路不通。次年，李先生找来专家检测，发现房子漏水、污水回流是因为屋面排水和排水管道设计不合理。李先生因此拒交物业管理费。此案涉及几个法律关系？应如何处理？

评析：

该案件涉及三个主体，即李先生、物业服务企业和开发商；涉及两个法律关系，即李先生与物业服务企业之间的法律关系，李先生与开发商之间的法律关系。

李先生没有证据证明其房子所受损害是由物业服务企业所造成的，房屋漏水原因法律关系与物业管理法律关系无关，因此，以房屋受损不能使用而拒交物业管理费的理由不成立。

李先生必须找到房屋漏水的根本原因所对应的法律关系，然后针对这一法律关系维护自己的权利，而不是以拒交物业管理费的方式来对抗物业服务企业。

管理该小区的物业服务企业将李先生告上法庭。法院根据我国《合同法》第八条规定（“依法成立的合同，对当事人具有法律约束力。当事人应当按照约定履行自己的义务，不得擅自变更或者解除合同。依法成立的合同，受法律保护。”）、第一百零九条规定（“当事人一方未支付价款或者报酬的，对方可以要求其支付价款或者报酬。”）、《物业管理条例》第四十一条的规定（业主应当根据物业服务合同的约定交纳物业服务费用），判决李先生交纳物业管理费、电费等13 000余元。

一、法律关系的含义及特征

法律关系是法律规范在调整社会关系的过程中所形成的人们之间的权利和义务关系。法律关系有三个特征：其一，以法律规范存在为前提；其二，以权利与义务为内容；其三，以国家强制力为保障。

二、物业管理法律关系的含义及特征

根据《物业管理条例》第二条的规定，物业管理是指业主通过选聘物业服务企业，由业主和物业服务企业按照物业服务合同约定，对房屋及配套的设施设备和相关场地进行维修、养护、管理，维护相关区域内的环境卫生和秩序的活动。

物业管理法律关系是一种具体的法律关系，是指物业管理法律规范在调整物业管理关系中形成的当事人具体的权利和义务关系。物业管理法律关系有两个特征：其一，法律关系存在于物业管理和服务中；其二，主体仅限于物业管理和服务过程中的自然人、法人和其他组织。因此，物业服务企业之外的其他管理人对物业所进行的管理形成的法律关系不是物业管理法律关系，不受《物业管理条例》法律规范调整。

三、物业管理法律关系的要素

在物业管理过程中，我们经常发现开发商、物业服务企业与业主之间存在这样或者那样的矛盾和纠纷，给物业管理工作带来了很大的麻烦。究其原因，大多数矛盾或纠纷的产生是由于物业服务企业、开发商和业主等物业管理法律关系主体的权利与义务不清楚。因此，做好物业管理工作，首先应当明确物业管理中的法律关系要素，只有理顺了这些要素的法律关系，才能够处理好物业管理各方面的关系。

（一）物业管理法律关系的主体

物业管理工作中法律关系的主体主要有业主、业主委员会、非业主使用人、开发商、物业服务企业和其他与物业管理相关联的行业以及政府有关部门。

1. 业主、业主委员会

《物业管理条例》第六条第一款规定：“房屋的所有权人为业主”。由于购买了物业，购房人成了物业的产权所有人，合法地拥有所购物业，具备了业主的身份。业主对物业拥有所有权与使用权。由于开发商在销售物业之前，已临时安排物业服务企业对所购物业进行管理，购房人在此时只能暂时放弃自己选择物业服务企业的权利，认同开发商的安排。一般情况下，当新建物业入住率达到50%或50%以上时，或具备法规所规定的其他条件时，开发商应会同物业服务企业召开成立业主委员会，召开业主大会。通过业主大会和业主委员会来实施自治管理。业主大会是最高决策机构，业主委员会是业主大会的执行机构。业主委员会作为物业管理法律关系主体，能否成为独立的诉讼主体，法律没有明确规定。

2. 非业主使用人（承租人）

非业主使用人不是所有者，不是合同当事人，不是合同委托方，不参加业主大会、业主委员会。承租人与业主的关系是租赁关系，其权利义务源自租赁合同的约定。承租人不但要与出租人签订租赁合同，而且也要与物业服务企业签订管理公约。如果违反本条例和业主公约的规定，有关业主应负连带责任。

3. 开发商

开发商将物业建成，并经政府有关部门综合验收合格后，经过房产交易将产权转移给房屋产权所有人。这里的法律关系的变化是开发商将原来拥有的土地使用权和房屋所有权转移给了房屋产权所有人。

对于新的开发项目，开发商在竣工前，一般是先期委托物业服务企业介入新建项目的管理工作，有时开发商自己也充当项目物业管理的角色。不论开发商是自己来管理还是委托其他物业服务企业来管理新建项目物业，都是在为房屋产权所有人或使用人提供服务。新建项目完工交付后，由于发生了产权交易行为，开发商的角色变了，由原先对物业的拥有，变为对物业的部分不拥有或完全不拥有。开发商先期委托物业服务企业管理新建项目或自行管理项目的行为只能是一种临时的安排。因为在新建项目初期，房屋产权所有人或是没有到位，或是即使到位，但由于各种各样的原因，尚无能力选择物业服务企业。开发商只是临时代理已有的新的房屋产权所有人委托物业服务企业进行管理。这一时期物业服务企业的费用一般由开发商支付或预先垫付，因为这一时期物业服务企业在这一新的项目管理中尚无收益。

《物业管理条例》第二十一条规定，在业主、业主大会选聘物业服务企业之前，建设单位选聘物业服务企业的，应当签订书面的前期物业服务合同。合同期限一般订一年较为合适，因为业主委员会成立一年后可以重新选聘物业服务企业。

4. 物业服务企业

物业服务企业是服务合同的一方当事人，向业主提供服务，且担任了政府对城市管理的部分职能，包括环保、卫生、治安、交通等，以公司法人资格形式存在。建设部《物业服务企业资质管理办法》所称物业服务企业，是指依法设立、具有独立法人资格，从事物业管理服务活动的企业。

当前，我国现有物业服务企业在资质和服务上参差不齐，主要有三种类型：由原来的房产公司、房管所转轨而来的物业服务企业；属于房地产开发商的物业服务企业；专业化、社会化的物业服务企业。

5. 行政管理部门

《物业管理条例》第五条规定：“国务院建设行政主管部门负责全国物业管理活动的监

督管理工作。县级以上地方人民政府房地产行政主管部门负责本行政区域内物业管理活动的监督管理工作。”

其他行政机关如公安、消防、环保机关等基于行政职权均介入物业管理活动，对各方的行为进行指导监督。

6. 其他相关机构

物业服务企业依据委托管理合同在物业区内开展管理工作，需要和管理工作有关的其他公司发生联系，如保安公司、煤气公司、电梯公司、环卫机构、建筑维修部门等。物业服务企业要与它们签订新的有关委托合同，由它们就物业内新的业务提供服务。这里产生的直接法律关系是物业服务企业与这些公司签约而形成的法律关系。

（二）物业管理法律关系的客体

物业管理法律关系的客体是指法律关系主体权利和义务共同指向的对象，分为物、行为、非物质财富。

1. 物

在物业管理法律关系中，“物”指物业，即建筑物本体、附属设备、公共设施及相关场地。现代意义的物业属物类客体范畴，它包括传统法律规定的不动产或房地产实物及其周围的空间和环境。

2. 行为

行为是指物业管理中业主、开发商、物业服务企业以及政府主管部门等各方主体的活动。

3. 非物质财富

非物质财富是指精神文化财富，如小区的荣誉称号、规划设计等。

（三）物业管理法律关系的内容

物业管理法律关系的内容是指物业管理法律关系主体享有的权利和承担的义务。

这里的权利是物业管理法律关系主体依法具有的，按照有利于自己的利益，要求承担义务的一方作出一定的行为和不作出一定行为的资格。《物业管理条例》第二十七条规定：“业主依法享有的物业共用部位、共用设施设备的所有权或者使用权，建设单位不得擅自处分。”

这里的义务是物业管理法律关系主体依法必须作出一定的行为和不作出一定行为的责任。《物业管理条例》第四十二条规定：“县级以上人民政府价格主管部门会同同级房地产行政主管部门，应当加强对物业服务收费的监督。”

四、物业管理基本法律关系

（一）业主之间的法律关系

《物权法》和《物业管理条例》明确规定，业主应当遵守业主公约、业主大会议事规则，遵守物业管理区域内物业共用部位和共用设施的使用、公共秩序和环境卫生的维护等方面的制度，执行业主大会的决定，按时交纳物业管理服务费用等。《物权法》第九十二条规定：“不动产权利人因用水、排水、通行、铺设管线等利用相邻不动产的，应当尽量避免对相邻的不动产权利人造成损害；造成损害的，应当给予赔偿。”

（二）物业服务企业与业主之间的法律关系

物业服务企业接受业主或业主大会的委托，根据物业服务委托合同进行专业管理，实行有偿服务。业主和物业服务企业的法律地位是平等的，双方通过签订物业服务合同，形成了物业服务企业提供服务、业主支付服务费用的民事合同关系。

（三）开发商与物业服务企业之间的法律关系

目前，现实中存在着开发商与物业服务企业的“父子关系”，这些物业服务企业往往对于房屋质量等问题不重视，往往出现开发商和物业服务企业之间互相“踢皮球”的现象。尤其是在涉及开发商利益时，物业服务企业常对开发商予以袒护，造成业主与物业服务企业矛盾加剧，业主往往以拒付物业管理费来抗拒物业服务企业，加之小区业主大会、业主委员会迟迟无法成立，前期物业管理时间很长，有的长达七八年，矛盾越积越深。

根据《物业管理条例》第二十四条的规定，依据房地产开发与物业管理相分离的原则，应通过招投标的方式选出物业服务企业。但到目前为止，仍然有不少物业服务企业是由开发商派生出来的，即便实行招投标，由于难以真正建立公平竞争的招投标机制，开发商派生出来的物业服务企业仍处于优势地位，往往是其中标，这种建设与管理的“父子关系”依然普遍存在。

当出现涉及开发商的物业问题而引发纠纷后，物业服务企业常以其与开发商是两个独立法人，无任何关系为由拒绝处理，而开发商往往是项目公司，一个小区成立一个项目公司，建设完成、结算完毕后就不存在了，售后服务、保修等矛盾无法解决。

（四）供水、供电等单位与业主及物业服务企业三者之间的法律关系

供水、供电、供气、通信、有线电视等单位向业主提供产品和服务，业主交纳相关费用，它们之间是一种合同关系，合同双方各自承担相应的权利和义务。

《物业管理条例》第四十四条规定：“物业管理区域内，供水、供电、供气、供热、通信、有线电视等单位应当向最终用户收取有关费用。物业服务企业接受委托代收前款费用的，不得向业主收取手续费等额外费用。”

《物业管理条例》第五十一条第一款规定：“供水、供电、供气、供热、通信、有线电视等单位，应当依法承担物业管理区域内相关管线和设施设备维修、养护的责任。”

（五）物业管理各方主体与政府之间的关系

物业管理各方主体与政府有着密切的关联，其中物业管理和服务中有些事务本身就属于政府公共事务管理的范畴，这些部门包括公安、消防、城市建设、市政规划、市容环卫以及物价等政府部门。它们之间的法律关系主要表现两个方面：一是行政管理关系；二是协调、配合的关系。

五、案例分析

案例 2－1

某小区业主委员会今年共打了五起官司，四输一赢。赢的官司是物业服务企业退回了

一间办公用房给业主委员会使用。输的官司里有一个是业主委员会侵害了物业服务企业的商誉，须赔偿2万元，业主委员会希望每家每户分摊几百元钱，但遭到绝大多数业主的反对，理由是这五起官司中没有一起经过业主大会的表决通过。因此，业主们表示应由业主委员会成员本人承担诉讼风险。业主委员会准备将应付诉讼费的业主告上法庭，由法院替业主委员会讨回公道。业主委员会的做法是否合理？为什么？

案例分析：根据《物业管理条例》的规定，业主大会是业主的权力机构，而业主委员会则是一个执行机构，它既不是公司法人，也不是群众自治组织，无权作出任何重大决议，包括物业服务企业的选聘以及诉讼等有关广大业主切身利益的决定，必须按照法律法规的规定，应当经专有部分占建筑物总面积过半数的业主且占总人数过半数的业主同意。

案例 2-2

龚女士在某市买下一套房，买房时只看中其地段好，其他事情就没多考虑，谁知刚领到钥匙就发觉“买错了”。因为她发现，物业服务企业很多工作做得不到位。后来经过了解才知道，这家物业服务企业是开发商在交房半年之前才匆忙成立的，大多数员工是开发商的亲戚、朋友，没有经过正规的培训，连一些基本的业务都不懂。又有业内人士透露，这个楼盘的开发商在物业服务企业的招投标过程中，人为地设计了一些障碍，使得其他物业服务企业“望而却步”，然后自己的子公司“冠冕堂皇”地就任“管家”，逃避了主管部门监督。龚女士对物业服务企业有怨气，觉得这家开发商很不负责任，于是逢人便说：“千万不要买这家开发商建的房子”。该案例说明了什么？

案例分析：建售不分离，业主对低水平物业管理的抱怨会影响开发商的市场信誉。同时，建管不分的管理体制也是引发物业管理纠纷的主要根源。相当一部分物业服务企业从属于房地产开发商，这种“父子关系”使得物业服务企业很难以维护业主利益为宗旨，为日后的纠纷埋下了隐患。在业主看来，物业服务企业是开发商的维护者和提供售后服务者，就应该由其解决问题。不少开发商在售房期间进行欺骗性宣传、盲目承诺，结果业主入住后发现原来的承诺没有兑现，在找不到开发商的情况下，就会把矛头对准物业服务企业。

六、案例实操

案例 2-3

2008年1月，滕某入住某市某小区一套住房。此后，滕某以“房屋存在质量问题，小区围墙距离房屋过近，该小区物业服务企业没有尽到物业管理服务义务，物业费与服务标准不相符”为由，从2008年11月至2010年11月一直未交纳物业管理费。本案中涉及的法律关系有哪些？滕某的做法对吗？为什么？

案件提示：该小区物业服务企业与业主之间是物业合同关系，而开发商与业主之间是商品房买卖合同关系。房屋质量等问题属于业主与开发商之间的买卖合同调整范畴。因此，业主不能以房屋质量问题为由，拒绝向物业服务企业交纳物业费。但是，如果在物业合同中约定了物业服务企业有对房屋进行维修和修缮的义务，业主要求物业服务企业进行维修，而该小区物业服务企业未履行义务的，业主有权对物业企业的违约行为追究法律责任，不应该不交物业费。

案件处理：

案例 2-4

某市的绝大多数楼盘在交房的时候都有这样的情景，业主去办理入住手续时，被告知要找物业服务企业办理。物业服务企业先让业主填表、签订物业管理公约、交物业管理费后再给钥匙。顺利办下来倒也无事，但有时就可能出现问题。有些物业服务企业要求业主一次性交齐一年或更长时间的物业管理费，业主对此不满而拒绝交费；有些业主认为物业管理公约含有不公平、不合理的内容而拒绝签约；有些业主则是由于其他问题与物业服务企业发生矛盾或争执。在这种情况下，有些物业服务企业就会采取不给业主钥匙的做法。交房时发生矛盾，物业服务企业能否扣押业主家钥匙?

案件提示：业主购买房屋，就与房屋的开发商之间形成了一种房屋买卖关系，房屋买卖合同就是他们之间这种法律关系的反映。在这一法律关系中，业主与物业服务企业双方各有多种权利、义务，但是对于开发商而言，最根本的权利是收取业主的购房款项，最根本的义务是向业主交付房屋。业主已经按照房屋买卖合同的约定，向开发商付了全部的购房款，开发商就应该履行其向业主交付房屋的义务。

从法律角度上讲，房屋买卖关系与物业管理法律关系是两种独立的法律关系，不应该互相混淆。不管业主与物业服务企业之间如何，都是物业管理法律关系的内容，与房屋买卖法律关系无关。如果开发商以业主完成物业管理法律关系中的义务作为交付房屋的条件，这就是变相增加业主的合同义务与责任，是不符合《合同法》等法律规定的。

无论是开发商还是物业服务企业，都不能因为业主没有签订物业管理公约、对物业管理费有意见而拒绝给业主办理入住手续、不给业主钥匙等，这种行为构成开发商对业主的违约，也是对业主权益的侵害。

案件处理：

案例 2-5

陈女士在某小区看房时，开发商承诺该小区将建一所小学。因为儿子很快就要上小学了，想到日后省去了接送等麻烦，陈女士就在这里买下了一套房。谁知入住了半年，小学连个影子都没有，开发商也好像从此消失了，陈女士只好向物业服务企业反映此事，并把对开发商的埋怨都算到了物业服务企业身上。这个案例涉及几个法律关系？这些关系主体有什么权利与义务？

案件提示：建管不分离，使得物业管理法律关系主体不分、法律关系错综复杂。影响开发商的市场信誉，也是引发物业管理纠纷的根源。

无论是开发商、物业服务企业，还是业主，都应当分清各种法律关系、区分各个主体的角色，才能正确处理相互之间的关系，保护个体利益。

案件处理：

______

______

______

任务二　物业管理法律关系的产生、变更和消灭

案例导学

甲在某市某胡同某号院有私房9间。乙系甲的同院邻居，在该院也有私房2间。乙租住甲北房最西两间，并在从西起第一间门前向南1.1米处自建一个8平方米厨房。当时双方均无异议。现在乙退还甲的两间私房，搬至一居民小区居住。乙在该院内的两间私房由其女儿丙一家三口居住，原自建小厨房也由丙继续使用。乙搬出后，甲即要求乙、丙拆除自建厨房，以免影响房屋的通风采光，双方对此意见不合而发生争执。甲以乙、丙为被告诉到区法院，要求乙、丙拆除自建房，排除妨碍。乙、丙以自建房仍需继续使用为由，拒绝拆除。此案涉及哪几个法律规范？应如何处理？

评析：

本案涉及的是相邻关系中的通风、采光问题，解决问题的关键是能否认定乙的自建房对甲房屋的通风、采光构成妨碍，同时又要兼顾历史形成原因和方便生活的原则。此案涉及的主要法律规范是《民法总则》《物权法》和《物业管理条例》等。

乙租住甲北房最西两间，并在从西起第一间门前向南1.1米处自建一个8平方米厨房，甲在当时并无异议，视为默认，租赁期间不存在侵权。乙退还甲的两间私房后，甲称乙自建房对其构成了通风、采光方面的妨碍。法律对于处理相邻关系的纠纷原则，认为应该有利于发展生产、方便人民群众的生活、公开合理、有利于团结互助。《物权法》第八十九条规定："建造建筑物，不得违反国家有关工程建设标准，妨碍相邻建筑物的通风、采光和日照。"应依照法律和现场实际情况，本着有利于相邻关系和谐原则处理。

一、物业管理法律关系产生、变更和消灭的前提条件

法律关系是根据法律规范产生的、在主体之间形成的权利义务关系。但是，只有法律规范和权利主体还不足以产生法律关系，法律关系的产生、变更和消灭还必须有法律规范所规定的某种法律事实的出现。法律事实，即法律规范所规定的，能够引起法律后

果即法律关系产生、变更和消灭的现象，是法律关系产生、变更和消灭的前提条件。在这些事实没有发生的情况下，法律所规定的权利主体之间的关系只是一种可能性，并不是现实的关系，法律关系还没有产生。只有权利主体也不能产生法律关系，因为权利主体的存在只表明主体具有享受权利和承担义务的资格，具有以自己的行为参加到法律关系当中去的能力，并不意味着主体实际享受权利与承担义务。如业主可以监督专项维修资金的管理和使用，可以就此向物业服务企业提出质疑，物业服务企业必须给予答复，这虽然是法律明确规定的业主权利，但如果业主不积极行使，就不构成与物业服务企业之间的法律关系。

因此，法律关系的产生、变更和消灭是需要条件的，这些条件包括：(1) 法律规范，即法律关系产生、变更和消灭的法律依据；(2) 主体，即权利的享有者与义务的承担者；(3) 法律事实，即出现法律规范所假定的那种情况。其中，法律规范和主体是法律关系产生的抽象的、一般的条件，而法律事实则是法律关系产生的具体条件，法律关系只有在条件都具备的情况下才能产生。法律事实的根本特征是法定性，只有那些具有法律意义的事实才能引起法律后果，构成法律事实。同时，法律事实必须具有现实性或客观性，不能是单纯的主观意识，这反映了法律的调整作用受到社会物质生活条件的制约。法律事实在物业管理法律关系的理论结构中占有突出地位，具有使物业管理法律规范转变为现实的物业管理法律关系的作用，是物业管理法律关系产生、变更和消灭的前提条件。

二、物业管理法律事实的种类

可以按照不同的标准将物业管理法律事实划分为若干个种类，以下是几种常见的分类。

(一) 行为和事件

按照是否以权利主体的意志为转移可以将物业管理法律事实分为行为和事件。

作为物业管理法律事实的行为是以权利主体的意志为转移、能够引起法律后果的法律事实。行为是人们有意志、有目的的活动，例如，业主行使投票权来选聘物业服务企业，这一行为的目的是形成集体意志，以选用符合业主要求的物业服务企业。行为按其与法律规范的要求是否一致又可以分为合法行为和违法行为。合法行为与物业管理法律规范的要求相一致，能够产生行为人预期的法律后果。如房地产行政主管部门指导业主大会筹备组为业主大会的成立做前期准备、某业主要求物业服务企业为其提供专项服务并支付报酬等。违法行为与法律规范的要求不一致，不能产生行为人预期的法律后果。如业主违反装饰装修的规定，对共用物业部分造成了严重破坏，物业服务企业有权制止，并向有关行政主管部门报告。

作为物业管理法律事实的事件是指与权利主体意志无关的法律事实。事件根据是否由人的行为而引起可以划分为绝对事件和相对事件。绝对事件是指不是由人的行为而是由某种自然的原因而引起的事件，如雷电损坏了物业管理区域内的公共建筑和共用设施。相对事件是由人的行为引发的，但并不涉及权利主体的意志，如业主在电梯中被歹徒抢劫、家中的财物被盗等。

（二）肯定和否定的物业管理法律事实

按照产生法律后果是否要求某些物业管理现象的存在，可以将物业管理法律事实分为肯定的物业管理法律事实和否定的物业管理法律事实。

肯定的物业管理法律事实表明法律后果的产生要求有一定现象的出现，如果该现象不出现，则不可能产生相应的法律后果。如物业服务企业向业主委员会发出要约，拟与之签订物业服务合同，要约就是物业服务合同法律关系产生的前置条件。

否定的物业管理法律事实表明法律后果的产生要求不存在一定的现象，如果存在该现象，则不可能产生这一法律后果。如物业服务企业管理专项维修资金，从而就专项维修资金与业主大会之间形成了委托关系，该法律关系是以持续状态存在的，然而一旦物业服务企业私自挪用资金，被业主委员会查出，就会导致该委托关系的终结。

（三）一次性作用和连续作用的物业管理法律事实

按照作用时间的长短，可以将物业管理法律事实分为一次性作用的物业管理法律事实和连续作用的物业管理法律事实。

绝大多数物业管理法律事实都是一次性作用的，即物业管理法律规范仅仅在具体情况下将其与法律后果相联系，如《物业管理条例》第五十条第二款中规定，物业服务企业确需临时占用、挖掘道路、场地的，应当征得业主委员会的同意。

连续作用的物业管理法律事实是长时间地、连续地或定期地存在并产生法律后果的情况。其特点在于它的长期性和连续性。如《物业管理条例》第二十条第一款规定："业主大会、业主委员会应当配合公安机关，与居民委员会相互协作，共同做好维护物业管理区域内的社会治安等相关工作。"

（四）单一的物业管理法律事实和事实构成

按照产生法律后果所需的事实的数量，可以将物业管理法律事实分为单一的物业管理法律事实和事实构成。

单一的物业管理法律事实说明法律后果的产生只要求有单一的现象出现，如物业买受人在与建设单位签订物业买卖合同时，对遵守临时管理规约予以书面承诺。

有些物业管理法律关系的产生、变更和消灭要求必须具备两个或两个以上的法律事实，而且各个法律事实之间存在有机联系，构成一个系统，即事实构成。如根据《物业管理条例》第十二条的规定，业主大会就筹集和使用专项维修资金做出决定，应当经专有部分占建筑物总面积 2/3 以上的业主且占总人数 2/3 以上的业主同意，这两个事实缺一不可。

三、物业管理法律关系的产生

物业管理法律关系的产生是指基于一定法律事实的出现，在物业管理法律关系主体之间形成了法律上的具体的权利义务关系。如物业服务企业员工在进行日常管理过程中，与业主发生争执，打伤业主，从而使物业管理法律关系产生。《物业管理条例》第四十六条第二款中规定，保安人员在维护物业管理区域内的公共秩序时，应当履行职责，不得侵害公民的合法权益。依此规定，受伤业主享有接受赔偿、赔礼道歉的权利，物业服务企业负有停止侵害、赔偿损失、赔礼道歉等义务。

四、物业管理法律关系的变更

物业管理法律关系的变更是指由于某种法律事实的出现，使原来存在的物业管理法律关系构成的诸要素发生了变化，进而使物业管理法律关系本身发生了变化。具体包括：（1）主体发生变化，如业主死亡后继承关系发生，从而使原物业管理法律关系中业主的身份发生变化；（2）客体发生变化，如业主委员会与物业服务企业达成协议，不得将专项服务业务委托给第三方，从而将物业服务企业从事专项服务的行为纳入物业服务合同法律关系中；（3）内容发生变化，如物业服务企业与业主委员会达成协议，降低物业服务费的收费标准，从而使原有合同法律关系的内容发生了改变。

五、物业管理法律关系的消灭

物业管理法律关系的消灭是指基于一定法律事实的出现，使原有的物业管理法律关系主体间的权利义务终结。具体包括：（1）主体资格的丧失，如物业服务企业被吊销营业执照，丧失了主体资格，从而使原有的合同法律关系宣告终结；（2）客体的灭失，如大地震造成物业管理区域内的全部物业毁损。

任务三　物业管理法律关系实务

一、案例分析

案例 2-6

2012 年 7 月，某住宅小区的业主张某住在老式混合结构楼房的底层，楼上一业主宋某安装了一部分离式空调。由于空调机长时间运转，冷凝器出水像雨水一样滴下，溅得四处都是，底层院落无法晒衣，同时晚上滴水声扰得张某一家无法休息。张某找到宋某，希望解决此问题，却遭到拒绝，张某非常气愤，于是找到了物业服务企业，要求其处理，并称其未尽到管理职责，应承担责任。此案涉及几个法律关系？应如何处理？

案例分析：本案涉及业主与业主、业主与物业服务企业两个法律关系。

从相邻关系上看，楼上装空调的业主宋某在自己权利实现的同时，不能侵害相邻关系人的权益。由于空调出水，对楼下业主张某的正常生活造成了极大的影响，破坏了相邻关系，对此宋某要排除妨碍，使相邻关系恢复到原来的状态，宋某应当作为第一责任人承担责任。对于物业服务企业而言，对业主安装空调的行为也有合理引导的义务，为了小区的整体美观和防止对其他业主生活造成不良影响，物业服务企业对业主安装空调的位置、安全等都要有统一的规定，对安装行为进行检查、监督、验收等。如果物业服务企业没有尽到这些义务，直接责任人又不能承担责任或不承担责任时，其也应当承担补充责任。

案例 2－7

某高校住户黎某发现其厕所顶棚往下漏水，于是与楼上住户许某交涉，要求其将厕所的防水再做一遍，并且费用由许某承担。许某以自家没有装修为由不予理会，黎某多次要求解决未果，因此将许某告上了法庭，但在庭审中黎某由于证据不足而败诉。于是黎某将自家的厕所顶棚重新更换。之后，黎某家的厕所顶棚大面积漏水，黎某又到许某家查看，原来暖气管的阀门被许某弄坏，大量暖气水流到地面并向楼下渗漏。黎某又向许某提出更换厕所地砖、重做防水的要求。由于以前的纠纷，许某执意不肯。于是黎某找到物业服务企业，要求给予解决，物业服务企业了解情况后，又亲自到两家进行了调查，发现是由于管道多年未修，已经腐烂，需要更换，管道系学校售房给个人时承诺由学校维修的公共部位，因此，维修费应由学校支付。物业服务企业向学校上报了申请专款的报告，并经批准，再与两家协商后达成共识，将许某家的防水重做一次，并保证使用与原地砖颜色相近的材料，从而解决了两家的纠纷。此案例中，楼上漏水维修费应由谁承担?

案例分析：楼上漏水是造成邻里之间纠纷和矛盾的一个重要因素，及时解决漏水问题有利于维护业主之间和睦共处的关系。不动产的相邻各方，应当按照有利于生产、方便生活、团结互助、公平合理的精神，正确处理截水、排水、通行、通风、采光等方面的相邻关系，给相邻方造成妨碍或者损失的，应当停止侵害，排除妨碍，赔偿损失。

案例处理：由楼上漏水产生的物业管理纠纷可根据民法中的过错责任原则来判定责任。过错责任原则以过错为要件，因当事人一方的过错造成的后果，就由过错者承担责任负担费用；没有过错就没有责任，那么费用的承担就适用公平原则，由双方共同分担。本纠纷由于是学校承诺的公共部位长久使用，管道损坏所致，所以应由承诺方学校支付维修费用。

案例 2－8

2012 年 3 月 25 日下午 4 时左右，某业主王某家里突然停电。于是王某找到该小区物业服务企业，要求检查停电原因，物业服务企业告知他是因其拖欠物业管理费而停电。为此，王某向物业服务企业提出交涉，无果。3 月 27 日，王某找到供电管理部门，供电部门的工作人员到达现场后，物业服务企业因其无工作证件而拒绝打开配电房的门。王某认为物业服务企业利用管理之便，以停电方式威逼他，给其带来生活的极大不便，遂将物业服务企业告上法庭，请求法院判决物业服务企业排除供电妨害，恢复供电，并向其赔礼道歉，减收一个月管理费，赔偿经济损失。王某的要求是否会得到法院支持?

案例分析：物业服务企业没有采取停电措施的权利，其职责是为业主提供优质服务，绝不能采取对业主“停电”之类损害业主利益的手段，而且排除电力故障是供电部门的责任，并非由物业服务企业负责。

案例处理：法院经审理后认为，被告物业服务企业并非供电部门，无权以任何理由对原告采取停电措施，否则即构成侵权。原告提出减免一个月管理费的请求，属于双方的物业管理合同的范围，与本案侵权纠纷不是同一法律关系，原告应另行主张权利；原告要求赔礼道歉和减免一个月管理费的请求于法无据，法院不予支持；原告提出的经济损失赔偿和排除供电妨害、恢复供电的请求获得法院支持。

二、案例实操

案例 2-9

某市某小区的物业服务企业是开发商的子公司，在承接的物业管理中，开发商遗留下一系列问题，如开发商将小区的底层机房改造成为保安宿舍，没有预留足够的会所和物业管理办公面积等。业主将开发商遗留的问题归结到物业服务企业身上，以至于业主与物业服务企业的矛盾愈演愈烈，业主提出要解聘物业服务企业。应如何处理案例中的问题？

案件提示：应运用法规，讲清遗留问题的原因，但要注意的是不要将责任完全推到开发商身上，以利于今后同开发商的沟通协调。

案件处理：

案例 2-10

某小区A座个别业主“圈占”共用天台（楼顶），有的建了私家花园，有的建了鸽子房，该小区A座已经有6个楼顶被私人占用。其中某住户的“手笔”可谓“匠心独运”：不仅200平方米的天台被其全部据为己有，连天台上原有的通风管道、消防器材也被统统拆除。该住户还自行拆除了楼顶的隔热层，铺上了仿古地砖，种上了花草，设置了假山、假树，上到天台，真是“别有洞天”。为了把其他人拒之门外，该住户还“安排”了一条大狼狗“把门”。好端端的共用天台，变成了这位住户的“私家花园”。对此大多数业主很有意见，纷纷到物业服务企业投诉。应如何处理案例中的问题？

案件提示：共用天台属于全体业主的共用部位，任何人无权占用。私占共用天台是对其他业主的侵权行为。

案件处理：

项目小结

物业管理法律关系是一种具体的法律关系，是指物业管理法律规范在调整物业管理关系中形成的当事人具体的权利和义务关系。物业管理法律关系包括主体、客体、内容三个要素。物业管理基本法律关系包括业主之间的法律关系、物业服务企业与业主之间的关系、开发商与物业服务企业之间的法律关系、供水供电等单位与业主及物业服务企业三者之间的法律关系、物业管理各方主体与政府之间的关系。按照不同的标准可将物业管理法律事实划分为若干个种类，常见的分类有：行为和事件；肯定和否定的物业管理法律事实；一次性作用和连续作用的物业管理法律事实；单一的物业管理法律事实和事实构成。

职业实训练习

- **实训目的**

（1）了解房地产开发商经常遇到的主要法律问题；

（2）了解房地产开发商与物业服务企业之间的关系；

（3）学会处理开发商与业主之间存在的法律纠纷。

- **实训内容**

联系一个房地产开发商，进行实地考察。

- **实训要求**

（1）分析房地产开发商与业主之间发生法律纠纷的原因；

（2）分析纠纷涉及的主要法律规范；

（3）找出处理这些纠纷的有关法律条文。

项目三

物业权属法律制度

学习目标

学习目标：了解物权的基本知识、物业权属的种类，了解土地权属状况和房屋权属状况的两种形式。

能力目标：学会办理物业权属登记、变更、转让、注销等。

任务一　物权和物业权属

案例导学

殷女士在县里有临街房屋12间，是祖遗房产。殷女士是孤寡老人，长期以出租房屋为生。2003年该县糖酒公司因扩大营业用房，便主动找殷女士协商要求买房，殷女士未同意。之后糖酒公司又提出要求典当房屋，殷女士开始不同意，后经人协商，双方达成了房屋典当协议。协议规定："殷女士愿将12间房屋出典给糖酒公司，典价8.2万元，典期无限，立约为凭。"双方在协议上签字盖章。2010年，糖酒公司在没有征得殷女士同意的情况下，擅自拆除承典房屋。2012年，该地段因城市规划为金融区，房价猛涨。殷女士要求回赎，但双方在三间房屋回赎价格上发生争议。殷女士与糖酒公司之间确立的是什么法律关系？请你谈谈对本案的处理意见。

评析：

在本案中，殷女士与糖酒公司所订立的协议明确约定将房屋出典给糖酒公司，这种典权关系并不违反我国法律和政策的规定，是合法有效的，不存在明典暗卖的问题。至于典价和典期，也都是符合我国民法规定精神和司法解释的。根据我国的有关规定，典期最长为30年。本案中尽管双方约定典期无限，实际上典期只能为30年。这一点不能成为成立买卖关系的根据。本案的典权关系合法有效，那么，承典人糖酒公司就应当享有占有、使用、收益承典房屋的权利，同时应当妥善保管承典房屋。但糖酒公司在没有征得出典人殷女士同意的情况下，擅自拆除承典房屋，是违反义务的行为，对出典人而言，已经构成了侵权行为，应当承担由此给出典人所造成的损失。

一、物权

（一）物权的概念

物权的概念起源于罗马法。罗马法曾确认了所有权、役权、永佃权、地上权、抵押权、质权等物权形式。物权是一个大陆法系的法律概念，近现代各国均将物权法视为民法的一项核心制度，内容由各国民法规定。可以说，物权是其他各项民事权利的基础。

《物权法》第二条第三款规定："本法所称物权，是指权利人依法对特定的物享有直接支配和排他的权利，包括所有权、用益物权和担保物权。"《物权法》所称的物，包括不动产和动产。不动产指土地以及建筑物等土地附着物；动产指不动产以外的物，包括能够为人力所控制的电、气、光波、磁波等物，是特定的独立之物，不包括行为和精神财富，诸如非种类物、非独立物、无形物不能作为物权的客体。

（二）物权的特征

物权是一种重要的财产权，与债权等其他财产权不同，物权有以下特征：

（1）物权的权利主体是特定的，而义务主体是不特定的。物权是一种人对物的直接支配的排他性权利，物权的权利主体总是特定的，物权人可以依自己的意志就标的物直接行使权利，无须他人的意思或义务人的行为的介入。而义务人是不特定的，且义务内容是不作为，即只要不侵犯物权人行使权利就是履行了义务；否则，物权人不仅有权行使物的请求权，排除他人的侵害并恢复物权应有的状态，而且可以对侵权人的侵权行为提起诉讼，因此，物权是一种对世权、绝对权。

债权则是只能由特定的权利主体对特定的义务主体享有，其权利、义务是相互对应产生的，债权也被称为对人权、相对权。债权权利主体是特定的，义务主体也是特定的。

（2）物权是对物的直接支配权，物权的客体是物。物权与债权、知识产权等其他财产权不同，物权的客体主要是动产和不动产。物权法所称的物通常是指有体物或有形物，能独立存在之物。债权的客体可以是行为等。

（3）物权的内容是对物的直接管理和支配，并享受其利益。所谓支配，就是指对物的占有、使用、收益和处分。这种支配权因权利人对物享有的权利范围不同，可以分为无限支配和有限支配。权利人对物的支配不是目的而是取得利益的手段。

（4）物权具有排他性。物权的排他性有两层含义：其一，一个"物"不可以有两个所有权，即"一物一权"；其二，物权具有排除他人侵害、干涉的效力，即物权请求权。

（5）物权具有追及权和优先权效力。物权的追及权是指物权的标的物无论辗转落入何人之手，物权所有人都可以追及其物，向实际占有人主张其权利。

优先权，是指同一物上有数种权利时，物权具有较其他权利优先行使的效力。最典型的，就是物权具有优先于债权的效力。另外，同一物上有数个物权并存时，先设立的物权优选于后设立的物权，即物权互相间的优先效力，债权不具有对内优先的效力。

（6）物权的设立必须公示，通常动产以交付为公示，不动产以登记为公示。

（三）物权的类型

根据民法学上物权的分类和物权法的规定，物权主要分自物权与他物权、用益物权与担保物权、动产物权与不动产物权。

1. 自物权与他物权

自物权是指权利人对自己的不动产或者动产进行占有、使用、收益和处分等权利，是最完全、最充分的物权，也是无限物权；他物权是指非所有人基于法律或者合同对他人之物享有的权利，他物权不享有对物的处分权，也是有限物权。

2. 用益物权与担保物权

用益物权是指用益物权人对他人所有的不动产或者动产，在一定范围可依法享有占有、使用和收益的权利。我国《物权法》中的用益物权包括土地承包经营权、建设用地使用权、宅基地使用权、地役权等。担保物权是权利主体为实现他人的物的交换价值以担保自己的债权所享有的物权，担保物权人在债务人不履行到期债务或者发生当事人约定的实现担保物权的情形时，依法享有就担保财产优先受偿的权利，包括抵押权、质权、留置权，但法律另有规定的除外。用益物权可单独存在，不需要依存于其他权利，支配的是物的使用价值；担保物权以被担保债权的存在为前提，支配的是价值。

3. 动产物权与不动产物权

按照物权的客体可分动产物权与不动产物权。在我国，动产物权包括动产所有权、留置权、动产抵押权等；不动产物权包括不动产所有权、房屋典权、地役权、地上权和土地使用权、不动产抵押权等。动产物权的设立和转让，自交付时发生效力，但法律另有规定的除外。不动产物权的设立、变更、转让和消灭，经依法登记，发生效力；未经登记，不发生效力，但法律另有规定的除外。

二、物业权属

（一）物业权属的概念

物业权属，是指物业权利在主体上的归属状态。主要包括物业所有权、使用权、抵押权和典权。

物业权属与物业权利的不同在于：作为一种民事权利，物业权利的重点是物业权人在法律容许的范围内实现自己的利益，同时物业权利的种类和内容由法律统一规定，比如土地所有权人所有、占有、使用、收益和处分土地的权利；物业权属重心则是法律创设的物业权利在实践活动中主体上的归属，确认权限实质上是归属国家所有、集体所有、社团所有还是个人所有。

（二）物业权属的特征

1. 二元性

我国《宪法》规定：城市的土地属于国家所有，农村的宅基地、自留地和自留山，属于集体所有。个人不能取得土地所有权，只能取得土地使用权。由此，我国的物业权属状况包括土地使用权和房屋所有权两个方面，土地的权属和房屋的权属都要分别进行登记，明确了我国的物业权属结构为房屋所有权与土地使用权的二元结构。

2. 稳定性

房地产的空间位置是固定的，使用寿命较长，不能被隐匿、偷盗。同时，其流转需要一定的条件和法定程序，因此，物业的权属具有稳定性。

3. 复杂性

物业权属的复杂性体现在它既可为某人单独享有，也可为两个或两个以上的人共同享有。如夫妻共同财产，权属证书上虽只有两人中一人的名字，但除另有约定外，夫妻双方共同对所属物业享有权利。

4. 国家干预性

无论是土地的权属状况，还是房屋的权属状况，由国家行政机关登记认定权属状况。登记机关也可以收回已确认的土地或房屋的权利，如以出让方式取得的土地使用权，超过出让合同约定的动工开发期限满两年未动工开发的，可以无偿收回土地使用权。

（三）物业权属的种类

1. 土地所有权与土地使用权

我国土地所有权分为国有土地所有权和农民集体土地所有权。同样，我国的土地使用权也分为国有土地使用权和农民集体土地使用权，它们各自的使用方式也是不同的。

2. 房屋所有权与房屋使用权

我国房屋所有权分为国有房屋所有权、集体房屋所有权、私有房屋所有权、外产房屋所有权、中外合资房屋所有权和其他性质的房屋所有权，如宗教团体等所享有的房屋所有权。房屋使用权包括房屋占有权、使用权和一定的收益权。

《物权法》第七十条规定："业主对建筑物内的住宅、经营性用房等专有部分享有所有权，对专有部分以外的共有部分享有共有和共同管理的权利。"即业主的建筑物区分所有权包括其对建筑物专有部分的所有权、对建筑物区划内的专有部分以外的共有部分享有共有权和共同管理的权利三部分。

建筑物区分所有权是一个集合权，包括前述的三个部分，这三种权利具有不可分离性。《物权法》第七十二条第二款规定："业主转让建筑物内的住宅、经营性用房，其对共有部分享有的共有和共同管理的权利一并转让。"

建筑物专有部分与共有部分具有一体性、不可分离性，因此，业主对专有部分行使所有权应受到一定的限制。《物权法》第七十一条第二款规定："业主行使权利不得危及建筑物的安全，不得损害其他业主的合法权益。"

共有部分是指根据法律、房地产买卖合同以及区分所有权人之间的约定，由区分所有权人享有共同财产权利的建筑物专有部分以外的共用部分。《物权法》第七十二条第一款规定："业主对建筑物专有部分以外的共有部分，享有权利，承担义务；不得以放弃权利不履行义务。"

3. 物业相邻权

物业相邻权包括土地相邻权和建筑物相邻权。

任务二　物业权属状况

案例导学

2001年姜某因刑事犯罪被判有期徒刑十年，姜某的妻子冯某生活困难，便把二人共有的房屋出售给王某，冯某和王某签订了合同，并到产权单位办理了过户手续。2010年姜某刑满出狱，得知此事后委托律师起诉冯某、王某，认为买卖合同上没有其签字而无效，要求王某返还房屋。冯某和王某签订的房屋买卖合同是否有效？该案应如何处理？

评析：

不动产物权的转让，应依法登记，发生效力；未经登记，不发生效力，房屋作为不动产物权，其转让应依法登记。《物权法》第九条第一款规定："不动产物权的设立、变更、转让和消灭，经依法登记，发生效力；未经登记，不发生效力，但法律另有规定的除外。"本案冯某因生活困难，将房屋出售给王某，签订了合同，并到产权单位办理了过户手续。从表面上看，似乎完成了不动产物权的转让手续，然而，本案冯某与王某不动产物权的转让涉及的是共有所有权人，也就是说该房屋不动产物权的转让需要共有所有权人同意，房屋买卖合同才有效。共有所有权人姜某因刑事案件入狱十年，刑满出狱才得知房屋被出售，说明姜某在不知情的情况下，其权利受到侵害，因此，冯某和王某签订的房屋买卖合同无效。

依据《物权法》第二十一条的规定，当事人提供虚假材料申请登记，给他人造成损害的，应当承担赔偿责任。因登记错误，给他人造成损害的，登记机构应当承担赔偿责任。登记机构赔偿后，可以向造成登记错误的人追偿。该案如冯某提供虚假材料申请登记，给王某造成损害的，应当承担赔偿责任；如因登记机关登记错误，给王某造成损害的，登记机构应当承担赔偿责任。双方有过错，则分别承担相应的赔偿责任。

一、土地权属状况

土地权属是指土地产权的归属。它包括土地所有权、土地使用权、土地租赁权、土地抵押权、土地继承权、地役权和他项权利。这里主要介绍土地所有权与土地使用权。

（一）土地所有权

土地所有权，是指土地所有人依法可以对土地进行占有、使用、收益和处分的权利。我国实行土地的社会主义公有制，即全民所有制和集体所有制。我国《土地管理法》第八条规定："城市市区的土地属于国家所有。农村和城市郊区的土地，除由法律规定属于国家所有的以外，属于农民集体所有；宅基地和自留地、自留山，属于农民集体所有。"任何单位和个人不得侵占、买卖或者以其他形式非法转让土地。

（二）土地使用权

土地使用权，是指单位或者个人依法或依约定，对国有土地或集体土地所享有的占有、使用与收益的权利。

国有土地使用权是指国有土地的使用人依法利用土地并取得收益的权利。国有土地使用权的取得方式有划拨、出让、出租、入股等。有偿取得的国有土地使用权可以依法转让、出租、抵押和继承。划拨土地使用权在补办出让手续、补缴或抵交土地使用权出让金之后，才可以转让、出租、抵押。

农民集体土地使用权是指农民集体土地的使用人依法利用土地并取得收益的权利。农民集体土地使用权可分为农用土地使用权、宅基地使用权和建设用地使用权。农用地使用权是指农村集体经济组织的成员或者农村集体经济组织以外的单位和个人从事种植业、林业、畜牧业、渔业生产的土地使用权。宅基地使用权是指农村村民住宅用地的使用权。建设用地使用权是指农村集体经济组织兴办乡（镇）企业和乡（镇）村公共设施、公益事业建设用地的使用权。按照《土地管理法》的规定，农用地使用权通过发包方与承包方订立承包合同取得。宅基地使用权和建设用地使用权通过土地使用者申请，经县级以上人民政府依法批准取得。

土地使用权的取得方式主要有两种：一是出让土地使用权，即土地使用者通过向国家支付土地使用权出让金，取得在一定年限内的土地使用权。我国《城镇国有土地使用权出让和转让暂行条例》规定的土地使用权出让的最高年限为：居住用地 70 年；工业用地 50 年；商业、旅游、娱乐用地 40 年；综合或者其他用地 50 年。出让土地使用权人在合同约定的期限内，可以将其享有的土地使用权转让、出租或抵押。二是划拨土地使用权，即通过行政划拨的方式取得的土地使用权，一般没有使用期限的限制。划拨土地使用权人要缴纳补偿、安置等费用，无须向国家支付地租费用，除法律规定外，划拨土地使用权一般不得转让、出租或抵押。我国国家机关用地、军事用地，国家重点扶持的能源、交通、水利等项目用地，城市基础设施用地，公益事业用地，法律、法规明确规定可以采用划拨方式用地。

二、房屋权属状况

房屋权属状况包括房屋所有权与房屋使用权。

（一）房屋所有权

房屋所有权是指房屋所有人依法对房屋进行占有、使用、收益和处分的权利，房屋所有权是一种典型的、完整的物权，具有绝对性和排他性。

我国实行土地所有权和房屋所有权登记发证制度，根据法律规定，除继承之外，新建的房屋所有权的取得须依房产管理部门核发的房屋所有权证书确认，其他房屋所有权的取得、转移、抵押及房屋的出租，均以政府有关部门的登记为成立要件，否则，政府房产管理部门核发房屋所有权证就是房屋所有权的唯一合法证明。

房屋所有权取得有两种方式：一是原始取得，如新建、改建等；二是继受取得，如买卖、继承等。

（二）房屋使用权

房屋的使用权是对房屋的实际利用权力。通过一定法律契约，非房屋所有权人也可获得房屋的使用权，如房主将房屋租给他人使用。

房屋的所有权和使用权是在房屋交易中经常见到的两种权利状态。房屋的所有权是指对房屋全面支配的权利。房屋的所有权分为占有权、使用权、收益权和处分权四项权能，这也是房屋所有权的四项基本内容。拥有上述房屋所有权的四项权能，所有权人可以占有、管理、使用、处置所有的房屋，包括出售、出租、抵押、赠与、继承，并且排除他人的权利。拥有了房屋的所有权就等于拥有了在法律允许范围内的一切权利。房屋的使用权是指对房屋拥有的利用及有限占用权。通过房屋租赁或借用实现的是房屋的使用权。房屋的使用权不能出售、抵押、赠与、继承等，它包含在房屋的所有权之中，是房屋所有权四项基本权能之一。

三、物业相邻权

（一）物业相邻权的概念

物业相邻权，也称物业相邻关系，是指两个或两个以上相邻的不动产所有人或使用人在行使其相应物业权利时，相互之间依法要求对方提供方便或接受限制而发生的权利义务关系。物业相邻权实质上是在谋求实现不动产相邻各方发生冲突之时的利害关系的平衡调整。它不仅适用于房屋使用权，也适用于土地使用权。

（二）物业相邻权的特征

（1）物业相邻权的主体为两个或两个以上的不动产所有人或使用人。

（2）物业相邻权的客体是相邻物业各方在行使所有权或使用权时互相给予方便或接受限制所体现的利益，这种利益可能是财产利益，也可能是非财产利益。

（3）不动产在地理位置上是相邻的。

（三）处理物业相邻权的基本原则

《物权法》第八十四条规定，不动产的相邻各方，应当按照有利生产、方便生活、团结互助、公平合理、尊重历史和习惯的原则，正确处理相邻关系。应当尽量避免对相邻不动产权利人造成损害，造成损害的，应当给予赔偿。法律法规对处理相邻关系有规定的，依照其规定；法律法规没有规定的，可以按照当地习惯。

（四）物业相邻权的种类

常见的物业相邻权有土地相邻权和建筑物相邻权两种。

（1）土地相邻权主要包括：相邻通行权，相邻用水、排水权，相邻管线铺设权等。

（2）建筑物相邻权主要包括：通风、采光和日照权等。

四、案例分析

案例 3-1

广东某市房地产管理局（以下简称广东某市房产局）与某区新坡镇屈屋村经济合作社、文新村经济合作社、忠心塘村经济合作社（以下简称屈屋、文新、忠心塘三个社）争议塘腌岭（地塘岭）土地权属，因广东某市房产局与广东某市供气贸易公司建气站，需要征用塘腌岭土地而引起纠纷。争议双方向广东某市人民政府提出确权申请。广东某市房产局称：塘腌岭的文冲口公房和文冲口公房以外的空地（包括耕地、鱼塘地、林地、民房地）都是国有土地，屈屋、文新、忠心塘三社农民集体应把其耕种、开垦鱼塘养鱼的土地退给国家。屈屋、文新、忠心塘三个社辩称：塘腌岭土地历来是屈屋、文新、忠心塘三个社集体的，国家没有经过办理任何征用土地的手续建设文冲口公房，影响三社集体群众的生产生活。房子是国家建设的应属国家管理使用，但土地所有权仍是三社农民集体的。

案例分析：调处土地纠纷案，主体明确、认定事实清楚是办案的两大要素。主体明确就是确定案件中的真正法定代表人是谁，此案争议的土地权属是国有的还是集体的。这类土地纠纷在城市的市郊较为突出。法律规定：集体所有的土地依照法律属于村农民集体所有，由村农业生产合作社等农业集体经营组织或村民委员会经营管理。已经属于乡（镇）农民集体经济组织所有的，可以属于乡（镇）农民集体所有。而塘腌岭土地除了公房土地按法律规定属国家所有以外的土地都是屈屋、文新、忠心塘三个社农民集体经济组织经营使用，新坡镇政府从来没有该片土地的经营使用事实和依据，所以不能作为本案的法定代表人。本案对方主体应是屈屋、文新、忠心塘三个社集体。因此，本案第一次关于塘腌岭土地权属处理的协议书，新坡镇政府作为本案的主体，所签订的协议书是没有法律效力的。

国家财产属于全民所有。国家财产神圣不可侵犯，禁止任何组织或者个人侵占、哄抢、私分、截留、破坏。这说明塘腌岭文冲口公房土地及建筑物都是国家财产。屈屋、文新、忠心塘三个社集体或个人都不能以任何借口破坏公房侵占国有土地，有维护广东某市房产局在文冲口公房的管理、使用的合法权利的义务，否则，都是违法行为。文冲口公房以外的土地，基于塘腌岭土地所有权在 1958 年以前是属于屈屋、文新、忠心塘三个社集体的，并持有 1958 年土地改革时期人民政府颁发的土地证书。根据《土地管理法》第八条的规定，农村和城市郊区的土地，除法律规定属国家所有的以外，属于集体的；宅基地和自留地、自留山属于集体所有，塘腌岭除文冲口公房建设用地以外的土地所有权仍是屈屋、文新、忠心塘三社集体所有。

案例处理：广东某市人民政府查明：塘腌岭（地塘岭）坐落在某区新坡镇文冲口村民委员会屈屋、文新、忠心塘三社旁边，面积 150 亩，土地权属是屈屋、文新、忠心塘三个社群众所有。

案例 3-2

原告于某与被告某县五交化公司于 2003 年 11 月 22 日签订了《房地产转让协议》一

份，被告将该镇红旗大道14号的房地产（该宗地系政府划拨用地，当时正处于市中级人民法院查封之中）按现状以转让金245万元的价款全部转让给原告，并约定合同自签订之日原告方预付款50万元进入被告方账户起生效。合同签订后，原告按照被告要求，于当日下午将定金50万元交付给被告。被告收款后，出具了收款收据，收款收据载明："收到原告交付房屋转让定金50万元。"2004年2月26日，某县土地市场交易中心经某县人民政府批准，某县国土资源局决定，将被告使用的红旗大道14号国有土地1 658平方米挂牌公开出让。同年3月16日，被告以电话方式与原告进行了联络，原告没有参加竞买。3月30日，某县土地市场交易中心与第三人签订《土地成交确认书》，第三人依约定支付了该土地的全部成交款。2004年4月9日原告于某以被告违约为由，请求法院判令被告履行合同，并承担违约责任即双倍返还定金100万元整给原告。

案例分析：本案的焦点为原、被告之间的合同是否有效，而解决这一问题的关键在于正确认识土地使用权转让的条件。

土地使用权的转让合同除须具备民事法律行为的一般条件外，还必须符合以下条件：(1) 转让人须对转让使用权的土地享有土地使用权。本案中某县五交化公司在签订土地使用权转让合同时，对转让使用权的土地享有土地使用权，具备主体资格。(2) 转让的土地须为有偿取得的。依照我国现行法律的规定，只有通过国有土地使用权出让合同有偿取得的土地使用权，才可以转让。无偿取得的土地使用权（即政府划拨用地）不能转让。无偿取得的土地使用权若转让，须先由使用人通过与国有土地管理部门签订土地使用权出让合同，交纳土地出让金。在本案中，某县五交化公司将通过政府划拨取得的土地使用权直接转让给原告的做法，违反了法律的强制性规定。另外，当时该宗地正处于人民法院的查封之下，《城市房地产管理法》明确规定，司法机关和行政机关依法裁定、决定查封或者以其他形式限制房地产权利的房地产不得转让。所以，某县五交化公司在本案中转让土地使用权的行为是不合法的，原、被告之间的土地使用权转让合同是无效的。

处理结果：2004年5月25日某市中级人民法院就本案作出判决如下：一、原告于某与被告某县五交化公司签订的《房地产转让协议》及《补充协议》无效；二、由被告某县五交化公司返还给原告于某计人民币50万元，并支付该款利息（自2003年11月22日始至还清之日起，利率按银行同期贷款利率计算），利随本清，限在本判决发生法律效力后10日内一次付清。三、驳回原告的其他诉讼请求。

案例3-3

姜甲与姜乙系兄弟关系，其父去世后在某市某区遗留房产一处。1982年11月2日，姜甲、姜乙与其母亲刘某（2002年7月去世）在某区公证处办理了遗产继承公证，公证内容为姜乙一人继承本案诉争房屋。1984年9月，某区房屋管理局向姜乙颁发了本案诉争房屋的所有权证，2007年2月某区房管局又对遗失原所有权证的姜乙颁发了所有权证。2007年8月24日，张某与姜乙在协商一致的情况下，自愿签署了《房屋买卖合同》，并于同年9月办理了所有权变更登记手续，张某通过买卖依法取得了该房屋的所有权。2012年，姜甲以姜乙对该房屋书写过弃权书，该房屋系祖业产，姜甲对房屋享有继承权，以及姜乙在放弃对上述房屋的权利后，该房屋的产权归其母所有等为由诉至某法院，要求确认上述买卖合同无效。姜乙与张某签署的合同是否有效？

案例分析：本案诉争房屋原所有权人为姜乙，该房屋为姜乙的个人财产，而不是与姜甲的共有财产，姜乙有对无争议的自有房产依法进行处分的权利。姜甲所述“姜乙在放弃对上述房屋的权利后，该房屋的产权归其母所有”没有事实依据，更没有任何法律依据。

处理结果：该房屋买卖合同系双方的真实意思表示，并没有侵犯姜甲的任何合法权益，不需要姜甲的任何许可或同意，更没有违反相关法律规定。现该合同依法完成了登记手续，根据物权法的相关规定，不动产物权自登记成立时取得。因此，姜乙与张某签署的《房屋买卖合同》真实有效。

案例 3-4

原告宁某住在某市一个临街巷内，住房是一砖木结构的平房，宁某相邻的刘某因为要开一家饭馆，便安装了一个大型油烟机，其排烟口设置在刘某自家的房顶上。宁某的二层住房一侧窗户恰好与刘某安装油烟机的墙体相邻，两者相距约有 1 米，中间形成一条窄道，虽不走人，但一直是宁某家一层住房主要的通风通道。

刘某的饭馆正式营业后，宁某发现自家二层房间里总有股油烟味，且一旦开窗户通风，油烟味更大。查找原因，宁某发现原来是刘某的饭馆厨房的油烟机排放口离自家二层窗户太近，只要油烟机一开，就会有油烟窜进宁某的房间里。宁某找刘某商量解决油烟排放问题，但刘某置之不理。不得已，宁某只好向法院起诉，要求刘某改建油烟机的排放口，停止侵害、排除妨碍。本案应如何处理？

案例分析：本案涉及相邻关系中的几个方面的不同问题。相邻关系，从权利的角度可称为相邻权。所谓相邻权，是指两个或两以上的不动产所有人或占有人、使用人、收益人，因一方对自己所有或占有、使用、收益的不动产行使所有权或占有、使用、收益时，享有的要求对方给予必要便利的权利。正确处理相邻关系，必须遵守有利生产、方便生活、团结互助、公平合理的原则。这些原则，既是相邻各方正确行使相邻权、妥善处理相邻关系的原则，同时也是人民法院正确处理相邻纠纷的原则。

处理结果：某区人民法院受理此案后，先主持双方进行调解，但因双方分歧较大，调解无效，人民法院判决如下：被告刘某的饭馆排放油烟的行为已构成对原告宁某合法权益的损害。被告刘某应当停止使用饭馆的油烟机。

任务三　物业权属登记

案例导学

某市 M 公司于 2001 年 8 月 1 日以出让方式取得一宗 2 000 平方米的国有土地使用权，

批准用途为商业，使用期限为 40 年，于 2001 年 8 月 20 日办理了土地登记。后 M 公司因债务的关系，将这宗地连同房产转让给了 N 公司。应该如何办理这宗地的土地使用权变更登记手续？

评析：

土地权属登记是房地产行政主管部门对国有土地使用权、集体土地所有权、集体土地建设用地使用权及他项权利进行注册登记和发证的制度。变更登记是指在初始土地登记之后，因土地所有权、使用权、他项权利以及土地主要用途发生变更而办理的登记。本案涉及土地使用权变更登记。因此，应按照变更申请、变更调查、变更审核和变更登记注册、发证的程序办理这宗地的土地使用权变更登记手续。

一、物业权属登记的概念

物业权属登记，是指物业行政主管部门对物业权属进行持续记录，反映物业所有权、使用权以及其他物业权利的状况，依法确认物业权属关系，并向物业产权人颁发权利证书的行为。我国实行土地使用权和房屋所有权登记发证制度。

国家对不动产实行统一登记制度。统一登记的范围、登记机构和登记办法，由法律、行政法规规定。

我国《物权法》第九条第一款规定：“不动产物权的设立、变更、转让和消灭，经依法登记，发生效力；未经登记，不发生效力，但法律另有规定的除外。”这表明了国家行政机关对物业权属登记状况的管理、审查、干预功能。

2015 年 3 月 1 日起施行的《不动产登记暂行条例》第二条规定：“不动产登记，是指不动产登记机构依法将不动产权利归属和其他法定事项记载于不动产登记簿的行为。”

二、土地权属登记

（一）土地权属登记的概念

土地权属登记是房地产行政主管部门对国有土地使用权、集体土地所有权、集体土地建设用地使用权及他项权利进行注册登记和发证的制度。

（二）土地权属登记的种类

土地权属登记按照登记的时间和内容不同，分为土地初始登记和土地变更登记。

1. 土地初始登记

土地初始登记又称总登记，是指在一定时间内，对辖区内全部土地进行的普遍登记。具体来讲有国有土地使用权设定登记、集体土地使用权设定登记、土地使用权抵押设定登记、土地使用权出租设定登记等。

2. 土地变更登记

土地变更登记是指在土地初始登记之后，因土地所有权、使用权、他项权利以及土地主要用途发生变更而办理的登记。主要有土地所有权变更登记、土地使用权变更登记、土地抵押权登记、名称地址变更登记和注销登记等。

(三) 土地权属登记的程序

1. 土地登记申请

申请者应当根据不同登记事项提供权属证明和不动产界址、面积等必要材料，在规定的期限内以书面形式，向指定的土地登记处提出土地登记的请求。

2. 地籍调查

各级土地管理部门负责按地籍调查规程组织区内的地籍调查。

3. 权属审核

土地管理部门根据地籍调查结果，对土地权属、用途等逐项进行审核，填写审批表。

4. 注册登记

经过审核批准的土地所有权、使用权、他项权利由土地管理部门进行注册登记，填写土地登记簿、土地证书、土地登记归户册。

5. 颁发土地证书

土地申请证书由县级以上人民政府根据土地使用权、土地所有权性质，向申请者分别颁发《国有土地使用证》《集体土地所有证》《集体土地建设用地使用证》。

(四) 变更土地权属登记的程序

1. 变更申请

申请变更登记者应当提交变更登记理由证明材料及原土地证书。

2. 变更调查

土地管理机关在收到变更土地申请后，向符合申请要求的申请者发出变更调查通知书，进行实地调查，填写变更地籍调查表，并对地籍图进行修测、补测，编制宗地号等。

3. 变更审核

通过审核后，再报人民政府批准。

4. 变更登记注册、发证

土地权属及用途变更经县级以上人民政府批准后，由土地管理部门办理变更注册登记。

三、房屋登记

(一) 房屋登记的概念

房屋登记是指房屋登记机构依法将房屋权利和其他应当记载的事项在房屋登记簿上予以记载的行为。

(二) 房屋登记的种类

房屋登记分为国有土地范围内房屋登记和集体土地范围内房屋登记。

国有土地范围内房屋登种类又分为：所有权登记、抵押权登记、地役权登记、预告登记、其他登记。

1. 所有权登记

因合法建造房屋申请房屋所有权初始登记的，可以申请房屋所有权登记。房地产开发企业申请房屋所有权初始登记时，应当对建筑区划内依法属于全体业主共有的公共场所、公用设施和物业服务用房等房屋一并申请登记，由房屋登记机构在房屋登记簿上予以记载，不颁发房屋权属证书。

发生下列情形之一的，当事人应当在有关法律文件生效或者事实发生后申请房屋所有权转移登记：买卖；互换；赠与；继承、受遗赠；房屋分割、合并，导致所有权发生转移的；以房屋出资入股；法人或者其他组织分立、合并，导致房屋所有权发生转移的；法律、法规规定的其他情形。

2. 抵押权登记

以房屋设定抵押的，当事人应当申请抵押权登记。对符合规定条件的抵押权设立登记，房屋登记机构应当将抵押当事人、债务人的姓名或者名称；被担保债权的数额；登记时间记载于房屋登记簿。

3. 地役权登记

在房屋上设立地役权的，当事人可以申请地役权设立登记。对符合规定条件的地役权设立登记，房屋登记机构应当将有关事项记载于需役地和供役地房屋登记簿，并可将地役权合同附于供役地和需役地房屋登记簿。

4. 预告登记

有下列情形之一的，当事人可以申请预告登记：预购商品房；以预购商品房设定抵押；房屋所有权转让、抵押；法律、法规规定的其他情形。

预告登记后，未经预告登记的权利人书面同意，处分该房屋申请登记的，房屋登记机构应当不予办理。预售人和预购人订立商品房买卖合同后，预售人未按照约定与预购人申请预告登记，预购人可以单方申请预告登记。

5. 其他登记

权利人、利害关系人认为房屋登记簿记载的事项有错误的，可以申请更正登记。房屋登记簿记载确有错误的，应当予以更正；需要更正房屋权属证书内容的，应当书面通知权利人换领房屋权属证书；房屋登记簿记载无误的，应当不予更正，并书面通知申请人。

（三）房屋登记的程序

1. 房屋权属登记的一般程序

办理房屋登记，一般依照下列程序进行：

（1）申请。

（2）受理。

（3）审核。

（4）记载于登记簿。

（5）发证。

房屋登记机构认为必要时，可以就登记事项进行公告。

2. 房屋权属登记的特殊情形

有下列情形之一的，房屋登记机构应当不予登记：

（1）未依法取得规划许可、施工许可或者未按照规划许可的面积等内容建造的建筑申请登记的。

(2) 申请人不能提供合法、有效的权利来源证明文件或者申请登记的房屋权利与权利来源证明文件不一致的。

(3) 申请登记事项与房屋登记簿记载冲突的。

(4) 申请登记房屋不能特定或者不具有独立利用价值的。

(5) 房屋已被依法征收、没收，原权利人申请登记的。

(6) 房屋被依法查封期间，权利人申请登记的。

(7) 法律、法规和本办法规定的其他不予登记的情形。

3. 注销登记

经依法登记的房屋发生下列情形之一的，房屋登记簿记载的所有权人应当自事实发生后申请房屋所有权注销登记：

(1) 房屋灭失的。

(2) 放弃所有权的。

(3) 法律、法规规定的其他情形。

四、案例分析

案例 3－5

某市 A 学校于 2012 年 8 月 1 日经批准，以划拨方式取得一宗地国有土地使用权，批准用途为教育用地，现 A 学校提出土地登记申请，要求办理土地登记。应该如何办理？在权属审核中应该注意什么问题？

案例分析：第一，A 学校应申请划拨国有土地使用权设定登记。申请人为 A 学校法人及法人代表。

第二，该宗地 A 学校应该在接到土地划拨决定书之日起 30 日内办理土地使用权设定登记。

第三，应提交的资料有：(1) 土地使用权登记申请表；(2) A 学校法人证明、法人代表身份证明和个人身份证明；(3) 县级以上人民政府建设用地批准书；(4) 国有土地划拨决定书；(5) 委托代理的应提交土地登记委托及代理人身份证明等。

第四，划拨土地使用权设定登记权属审核要点有：(1) 对申请人的审核。要注意土地登记申请人与政府建设用地批准书和国有土地划拨决定书批准的土地使用者是否一致。(2) 对土地权属来源文件的审核。要注意对划拨国有土地使用权批准机关及批准权限的审核。(3) 对土地用途的审核。要注意是否与批准用途一致。(4) 对宗地面积的审核。要注意地籍调查结果是否与建设用地面积一致。

案例 3－6

某市 M 企业以划拨方式拥有三宗国有土地使用权，用途为工业。现 M 企业进行企业改制，拟组建 N 股份有限公司，现经土地权属界定、地价评估，拟订了土地资产处置方案，并经有批准权的机关批准，同意以国家入股的方式处置该三宗国有土地使用权。问土地资产处置后，该办理什么手续？应该注意什么？

案例分析：第一，三宗土地应该分别办理土地使用权变更登记手续。权利人由M企业变更为N股份有限公司；土地使用权类型由划拨变更为作价入股。应该注意以下问题：(1) 变更登记申请期限：签订入股合同之日起30日内；(2) 申请人为N股份有限公司的法人及法人代表；(3) 三宗地分别申请土地使用权变更登记。

第二，应该提交的材料有：(1) 土地使用权变更登记申请表；(2) N股份有限公司法人证明、《土地登记法人代表人身份证明》和法定代表人身份证明；(3) 公司审批机关的批准文件、土地使用权处置方案批准文件及土地管理部门与N股份有限公司签订的委托合同；(4) 土地估价备案材料；(5) 原《国有土地使用证》；(6) 房屋所有权证及其他地上附着物证明；(7) 委托代理的应该提交土地登记委托书及代理身份证明等。

第三，权属审核要注意的问题有：(1) 对申请人的审核。要注意申请人是新设的N股份有限公司，且申请人必须与公司审批机关的批准文件、土地使用权处置方案批复文件土地使用者一致。(2) 对土地权属来源文件的审核。要着重对公司审批机关的批准文件、土地使用权处置方案批准文件以及土地管理部门与N股份有限公司签订的委托持股合同进行审核。(3) 对使用期限的审核。要注意出让年限是否符合土地使用权最高使用期限。

案例3-7

一位房东将房卖给甲，没签订合同而把房子交给甲使用。不久，由于房价上涨，房东又把这套房屋卖给乙，并和乙办理了房屋过户手续。这幢房子究竟属于谁？乙能否要求甲腾出房子？

案例分析：《物权法》第九条第一款规定："不动产物权的设立、变更、转让和消灭，经依法登记，发生效力；未经登记，不发生效力，但法律另有规定的除外。"在该案例中，甲虽先买房，但既没有订立合同，也未办理过户手续；乙虽然后买，但已经办理过户手续，不动产登记簿上的所有人是乙。因此，乙是房子的所有人，有权要求甲腾出房子。甲因此受到的损失，可以要求原房主赔偿。

五、案例实操

案例3-8

1991年11月23日，房屋出卖人朱某经人介绍，将自己所有的位于市区半山路5弄5号18幢401室、面积为51.73平方米的住宅房一套以22 000元价格卖给林某，双方签订房屋买卖协议一份，用复写纸复写一式三份。签约当天，林某即将房款2万元交给介绍人，介绍人再转交给朱某，余款后由林某之妻武某交付给朱某。1993年8月林某去世。2001年8月20日，为办理房产证所需，朱某与叶某签订房地产买卖契约（格式合同）一份，但叶某签名由朱某代签。同年9月3日，公证处为上述契约办理公证，出具公证书。2001年9月14日，叶某之妻就讼争房屋到房管部门办理房屋产权登记手续，房屋所有权人为叶某，但办理时，朱某与叶某均未到场。该案应如何处理？

案件提示：此案涉及房屋权属转让登记，要了解转让登记的程序和合法性。

案件处理：

____

____

____

项目小结

物权是指权利人依法对特定的物享有直接支配和排他的权利，包括所有权、用益物权和担保物权。根据民法学上物权的分类和《物权法》的规定，物权主要分自物权与他物权、用益物权与担保物权、动产物权与不动产物权。物业权属，是指物业权利在主体上的归属状态。主要包括物业所有权、使用权、抵押权和典权。物权权属的特征包括二元性、稳定性、复杂性、国家干预性。物业权属状况包括土地权属状况、房屋权属状况、物业相邻权。物业权属登记，是指物业行政主管部门对物业权属进行持续记录，反映物业所有权、使用权以及其他物业权利的状况，依法确认物业权属关系，并向物业产权人颁发权利证书的行为。我国实行土地使用权和房屋所有权登记发证制度，主要包括土地权属登记、房屋权属登记。

职业实训练习

- **实训目的**

（1）掌握房屋权属变更的基本步骤；

（2）学会办理房屋权属变更。

- **实训内容**

联系一个房屋中介机构，收集一个房屋权属变更的真实案例。

- **实训要求**

（1）写出房屋权属变更的主要环节；

（2）掌握房屋权属变更手续的办理。

项目四

前期物业管理法律制度

学习目标

知识目标：掌握前期物业管理的法律规定，熟悉前期物业服务合同和临时管理规约的内容；掌握物业承接查验的法律规定，熟悉物业承接查验的程序。

能力目标：会草拟前期物业合同、临时管理规约，熟悉物业承接查验手续，会办理物业资料的移交等内容。

任务一　前期物业管理概述

案例导学

某市某物业服务企业是某开发商的全资子公司，承接了该开发商开发的一个住宅小区的前期物业管理。业主入住之后，对该物业服务企业的物业管理费收费标准和服务标准多次提出质疑，而该物业服务企业多次向业主大会提出该项目严重亏损，要提高物业管理费。双方僵持不下，业主与物业服务企业的矛盾也日益突出。试问：该案如何处理？给我们带来什么启发和思考？

评析：

从本案介绍事实可以看出，造成业主与物业服务企业相互不理解的直接原因是物业服务企业与业主之间始终缺乏双方认同的物业收费标准和服务标准。

既然物业服务企业与业主之间对物业费和服务标准之间存在很多纠纷，业主大会成立后可以通过招投标的方式重新选聘物业服务企业。

启示与思考：第一，关于前期物业管理，建设单位应通过招投标的方式选聘物业服务企业，并与物业服务企业签订前期物业管理服务合同，相关条款应在销售合同中与买受人明确约定。第二，销售合同中明确的物业管理条款，应包括服务内容、标准、收费、违约责任等主要部分。避免因业主买房时对物业管理相关内容不清晰，使业主入住后对物业服务企业的服务收费等事宜产生质疑，产生不必要的矛盾。第三，首次业主大会签订物业管理合同时，物业服务企业应与业主大会做好充分的沟通，明确物业管理合同的条款。第四，物业服务企业要根据服务内容、服务标准来确定服务收费。《物业管理条例》颁布以后，应建管分开，开发商与物业服务企业各自独立经营是市场化的必然，物业服务企业必须通过自身实力赢得市场。

一、前期物业管理的概念

关于前期物业管理的概念，在《物业管理条例》颁布之前，各地的认识和做法不尽相同。最早提出前期物业管理概念的地方性法规是 1994 年 11 月 1 日施行的《深圳经济特区住宅区物业管理条例》，该条例第二十五条规定：开发建设单位应当从住宅区开发入住前 6 个月开始自行或者委托物业公司对住宅区进行前期管理，管理费用由开发建设单位自行承担。2003 年 9 月 1 日施行的建设部颁布的《前期物业管理招标投标管理暂行办法》第二条规定：前期物业管理，是指在业主、业主大会选聘物业服务企业之前，由建设单位选聘的物业服务企业实施的物业管理。根据该办法，并结合《物业管理条例》的一些原则规定，可以对前期物业管理作如下定义：所谓前期物业管理，是指房屋出售后至业主委员会与业主大会选聘的物业服务企业签订的物业服务合同生效时止，由建设单位选聘物业服务企业对房屋及配套的设施设备和相关场地进行维修、养护、管理，维护相关区域内的环境卫生和秩序的活动。

二、前期物业管理的内容

前期物业管理的内容与常规的物业管理的内容基本相同，其不同的地方主要在于：开发建设单位委托物业服务企业进行物业管理时，有一个建设单位作为委托方委托，物业服务企业从建设单位手中承接验收物业的过程。其中涉及的具体内容包括以下几个方面。

（一）房地产开发建设单位与物业服务企业接洽有关前期物业管理委托事项

主要包括管理服务内容、管理服务标准、管理服务期限、前期物业管理过程中有关保修责任的委托与实施：遗留扫尾工程、空置房屋租赁经营或看管等代为办理的事项；管理服务费用的构成及筹集；管理用房、经营用房的提供使用及收益分配；物业及相关资料的承接验收。

（二）物业服务企业制定接管方案，做好竞标准备

在洽谈过程中，物业服务企业对人力、物力等自身条件和接管物业的运作、盈亏风险做出测算，据此制定接管方案作为依据与房地产开发建设单位进一步磋商或竞标。若意见达成一致或中标，则双方将签订前期物业服务合同。

（三）物业服务企业的承接验收

一旦签约，物业服务企业就要对物业实施承接查验。对物业承接验收的依据主要是

1999年建设部制定的《房屋接管验收标准》，同时还应做好资料档案的移交工作。资料档案主要有：规划图、竣工图、地下管网竣工图、各类房屋清单、单体建筑结构、设备竣工图及合格证或保修书、共用设施设备及公共场所清单以及有关业主或物业使用人的相关资料等。

（四）物业服务企业的管理制度

根据前期物业管理合同以及相关法律规定，物业服务企业应制定一系列管理制度，以建立正常的管理秩序。这些制度如停车场的管理办法、电梯使用规定、物业保修与维修方面的有关制度和规定等。

（五）建立与社会上有关单位、部门的联络，构建综合服务网络

物业正式启动运作后，与物业所在区域的有关主管部门和市政公用事业单位取得关系，得到它们的支持与配合。同时，如有必要，物业服务企业还可以考虑聘请专业服务公司代理专业性事务工作，以使业主入住后各种需求得到充分满足。

（六）对业主入住进行管理

入住是指业主或物业使用人收到书面通知书并在规定期限内办理完相应手续后，领取钥匙实际入住。物业服务企业对入住的管理包括：向业主发出可以办理入住的书面通知书；业主接到通知书后去验收物业时，对物业管理情况进行介绍说明，回答业主的询问，接受业主对物业管理问题的意见；宣传临时管理规约、前期物业服务合同和国家有关的物业管理法律，公布物业管理的规章制度；让业主如实填写住户情况登记卡，发送住户手册；收取物业服务费用、专项维修资金、装修保证金和其他有关费用等。

三、前期物业管理的特点

相对于常规的物业管理而言，前期物业管理具有以下基本特点。

（一）建设单位的主导性

为业主提供物业管理的物业服务企业并非由业主来选择，无论是招投标方式还是协议方式，选择前期物业服务企业的决定权在建设单位。前期物业活动的基础性文件——临时管理规约的制定权在建设单位。物业管理的内容与质量，服务费用，物业的经营与管理，物业的使用与维护，专项维修资金的缴存、管理、使用，均由建设单位确定。

（二）业主地位的被动性

相对于建设单位、物业服务企业而言，业主除享有是否购置物业的自由外，其他的权利和义务均处于从属地位。如业主在签订物业买卖合同时应当对遵守临时管理规约予以书面承诺；建设单位与物业服务企业达成的前期物业服务合同约定的内容，业主在买卖合同中不能变更；前期物业管理中，有关物业的使用、维护，专项维修资金的缴存、管理、使用等方案，业主无权决定等。

（三）合同期限的不确定性

建设单位虽可与物业服务企业在签订前期物业服务合同时约定期限，但即使期限未

满，只要业主委员会与物业服务企业签订的物业服务合同生效的，前期物业服务合同即终止。

（四）监管的必要性

在前期物业管理中，建设单位、物业服务企业处于优势地位，如果对其失去监督，那么业主的合法权益就不能得到有效保障。《物业管理条例》及与之配套的规章对建设单位前期物业管理活动作了一些具体的限制性规定。如建设单位制定的临时管理规约不得侵犯买受人的合法权益；前期物业服务企业的选择要遵守《前期物业管理招标投标管理暂行办法》的规定等。

四、前期物业管理中应注意的问题

（一）关于前期物业管理起止时间的认定

根据《物业管理条例》第二十五条的规定，建设单位在物业出售前就应当选聘物业服务企业从事前期物业管理工作。至于出售前具体从何时开始，该条例没有明确，实践中也没有必要一刀切，因为房地产的销售存在期房销售和现房销售。对于现房销售，一般在销售前 6 个月就应聘请物业服务企业从事对物业的前期管理工作。因为，这时有许多物业管理方面的实际性工作要做，如组织结构的准备、各项管理规定的拟订、业主入住文件资料的汇编和整理以及业主入住接待工作的准备等。对于期房销售，物业服务企业前期实际性物业管理工作可以稍微晚些。这里讲的是物业管理实际工作开展在时间方面的一个大致认定，至于前期物业服务合同的签订，应在前期物业管理实际工作进行之前签订。我们可以归纳为，前期物业服务合同在物业出售之前由建设单位与物业服务企业签订，前期物业管理工作按照合同规定的期限应在业主入住前开始。不论是期房销售还是现房销售，前期物业管理实际工作的开展都应在业主或物业使用人入住前开始，原因有以下三个方面：

（1）业主入住，就需要一定的物业管理服务。作为前期物业管理阶段的物业服务企业，要给业主一个良好的第一印象，需要在业主或物业使用人入住前做好迎接用户入住的一切准备工作。

（2）我国的物业管理立法明文规定建设单位与物业买受人签订的买卖合同应当包含前期服务合同约定的内容。若在业主入住时不存在前期物业管理，作为买卖合同的销售方势必构成违约，对日后辖区物业管理工作的顺利开展也将带来一定的负面影响。

（3）在业主或物业使用人入住前开始管理工作，更有利于物业服务企业对入住用户的了解，方便建立住户的档案资料，有助于物业服务企业与住户之间的联系和沟通，为今后物业管理工作的开展打好基础。

至于前期物业服务合同时间终止的问题，根据《物业管理条例》第二十六条的规定，前期物业服务合同可以约定期限；但是，期限未满、业主委员会与物业服务企业签订的物业服务合同生效的，前期物业服务合同自然终止。因此，前期物业服务合同正常终止的时间有两种可能的情况：一是合同期限到期的终止；二是合同期限未到，但业主或业主委员会通过正常程序，已经选聘好其他的物业服务企业，则前期物业服务合同应予以终止。在第二种情况下并不构成违约行为，作为物业所有权人的业主，有权优先就自己的财产在不违背国家、地方政府有关法律法规的情况下，另行物色“管家”。当然，业主对自身权利的行使通常需通过业主大会进行。《物业管理条例》明确规定，选聘物业服务企业必须经物业管理区域内经专有部分占建筑物总面积过半数的业主且占总人数过半数的业主同意。业主委员会是业主大会的执行机构，代表业主与业主大会选聘的物业服务企业签订物业服合同。合同的签订意味着权利的行使，前期物业服务企业不得以与建设单位所签订的前期物业服务合同未到期为由对抗业主另行选择物业服务企业的决定，相反，从事前期物业管理的物业服务企业应当以一种积极的心态退出，并主动向业主委员会移交相关资料。值得注意的是，实践中还会出现这样一种情况，即前期服务合同到期，业主大会尚未召开，没有选聘物业服务企业。在这种情况下，由谁负责前期服务合同到期至业主选聘物业服务企业期间的物业管理，法律上没有具体规定。实践中一般由负责前期物业管理的物业服务企业继续管理，业主应该认可前期物业服务企业的管理活动，并继续按前期物业服务合同约定交纳物业服务费用。

（二）关于前期物业服务费用的承担问题

前期物业服务费用的承担问题相对来说较为复杂，各地的物业管理法律规定也不尽相同。《物业管理条例》第四十一条规定：“业主应当根据物业服务合同的约定交纳物业服务费用。业主与物业使用人约定由物业使用人交纳物业服务费用的，从其约定，业主负连带交纳责任。已竣工但尚未出售或者尚未交给物业买受人的物业，物业服务费用由建设单位交纳。”根据《物业管理条例》的规定并结合地方的有关规定，前期物业服务费用应根据实际情况而定，在物业交付使用前，前期物业服务费用全部由建设单位承担；对部分已交付使用的物业，根据“谁享有，谁承担”的原则，其业主应承担前期物业服务费用的交纳；对已竣工但尚未出售或者尚未交给物业买受人的物业，物业服务费用由建设单位交纳。

任务二　前期物业服务合同

案例导学

某业主入住新购房产后，以前期物业管理合同是房产商与物业服务企业签订，对其不发生效力为由，拒绝交付物业管理费，物业服务企业在多次催讨不成的情况下，向法院提起诉讼，法院判决该业主按照前期物业管理合同的约定交付物业管理费。业主是否能以其未在前期物业管理合同上签字而拒绝履行交费的合同义务？

评析：

前期物业管理合同不同于普通物业管理合同，普通的物业管理合同是由业主委员会与物业服务企业签订，而前期物业管理合同是由房产开发企业直接与其选聘的物业服务企业签订。这是因为，在前期物业管理期间，由于业主入住率尚不能达到法规、条例规定的成立业主自治组织（业主委员会）的标准，作为此时物业最大业主的房产开发企业为维护整个物业的正常运作，代表全体业主与物业服务企业签订前期物业管理合同，其效力及于已入住的业主和尚未入住的业主。在一般情况下，房产开发商在与业主签订购房合同时，往往将已经签订的前期物业管理合同作为购房合同的附件，这样，业主实际上已对前期物业管理合同做出了接受承诺。本案中，由于前期物业管理合同的特殊性，该业主拒付物业管理费的理由并不成立，在享受了物业服务后，应承担相应的交纳物业管理费的义务。

一、前期物业服务合同的概念

前期物业服务合同是指在业主大会选聘物业服务企业之前，由建设单位和其选聘的物业服务企业签订的，对房屋及配套的设施设备和相关场地进行维修、养护、管理，维护相关区域内的环境卫生和秩序的服务协议。

二、前期物业服务合同的特征

（一）合同的过渡性

前期物业服务合同的期限，存在于在业主、业主大会选聘物业服务企业之前的过渡时间内。实践中，物业的销售、业主的入住是陆续的过程，业主召开首次业主大会会议时间的不确定性决定了业主、业主大会选聘物业服务企业时间的不确定性。因此，前期物业管理的期限也是不确定的。一旦业主大会成立或者全体业主选聘了物业服务企业，业主与物业服务企业签订的合同发生效力，就意味着前期物业管理阶段结束，进入通常情况下的物业管理阶段。

（二）合同主体的不同性

通常情况下物业服务合同的签订主体是业主与物业服务企业，而前期物业服务合同签订的主体是建设单位和物业服务企业。这是因为首次业主大会尚未召开，业主还不能形成统一意志来决定选聘物业服务企业，而此时已有实施物业管理的现实必要，为了维护正常的物业秩序，保护业主现实的合法权益，《物业管理条例》第二十一条规定："在业主、业主大会选聘物业服务企业之前，建设单位选聘物业服务企业的，应当签订书面的前期物业服务合同。"

（三）合同的要式性

根据《物业管理条例》第二十一条的规定，前期物业服务合同以书面的形式签订，对合同形式作了要式合同的要求。这样既明确合同主体的权利与义务，又可以维护合同主体的权益。

三、前期物业服务合同的内容

2004 年 9 月 6 日，建设部制定并发布了《前期物业服务合同（示范文本）》，根据示范文本，前期物业服务合同应包括以下内容。

（一）合同双方与物业的基本情况

合同双方情况主要指甲乙双方的名称和住所。物业基本情况包括物业名称、物业类型、坐落位置、建筑面积、物业管理区域四至边界。

（二）服务内容与质量

（1）物业共用部位的维修、养护和管理；

（2）物业共用设施设备的运行、维修、养护和管理；

（3）物业共用部位和相关场地的清洁卫生，垃圾的收集、清运及雨水、污水管道的疏通；

（4）公共绿化的养护和管理；

（5）车辆停放管理；

（6）公共秩序维护、安全防范等事项的协助管理；

（7）装饰装修管理服务；

（8）物业档案资料管理。

（三）物业服务费用收费方式

建设单位与物业服务企业协商后，可以选取包干制或者酬金制作为收费方式。

包干制是指物业服务企业收取固定的物业服务费用，盈余或者亏损均由物业服务企业享有或者承担。

酬金制是指在预收的物业服务资金中按约定比例或者约定数额提取酬金支付给物业服务企业，其余全部用于服务合同约定的支出，结余或者不足均由业主享有或者承担。

（四）物业的经营管理活动

物业的经营管理活动是指利用物业公用部分与共用设施设备所进行的经营活动。一般情况下，物业经营活动由物业服务企业统一经营，便于统一管理、统一协调，还可以降低服务成本、扩大利润空间。业主与物业服务企业可以就物业经营活动的各个项目做出具体约定，其中主要包括：经营活动的项目名称；经营部位的权属界定；经营项目的收费标准；物业服务企业与业主关于经营项目收费或利润的分成比例。

（五）物业的承接与查验

物业的承接与查验的内容主要包括：查验的公用部分、共用设施设备的内容；双方确认查验过的物业公用部分、共用设施设备存在的问题；建设单位应承担的责任和解决办法；承接物业时，建设单位应向物业服务企业移交的资料；建设单位的保修责任等。

（六）物业的使用与维护

建设单位和业主、物业使用人应配合履行物业管理服务规章制度的义务；物业服务企业制止业主、物业使用人违反临时管理规约和物业管理区域内物业管理规章制度的行为的具体措施；物业服务企业对重大事项的告知和接受监督义务；业主装饰装修房屋的约定；物业管理用房的具体约定。

（七）专项维修资金

专项维修资金主要包括专项维修资金的缴存、管理、使用和续筹等。

（八）违约责任

违约责任是指合同当事人一方或者双方不履行合同或者不适当履行合同，依照法律的规定或者按照当事人的约定应当承担的法律责任。违约责任是促使当事人履行合同义务，使守约人免受或者减少损失的法律措施，也是保证合同履行的主要条款，对当事人的利益关系重大，前期物业服务合同对此应当予以明确。

前期物业服务合同示范文本如下。

甲方：____________________法定代表人：________________

住所地：__________________邮编：______________________

乙方：____________________法定代表人：________________

住所地：__________________邮编：______________________

资质等级：________________证书编号：__________________

根据《物业管理条例》和相关法律、法规、政策，甲乙双方在自愿、平等、协商一致的基础上，就甲方选聘乙方对____________________（物业名称）提供前期物业管理服务事宜，订立本合同。

第一章　物业基本情况

第一条　物业基本情况：

物业名称：____________________

物业类型：____________________

坐落位置：____________________

建筑面积：____________________

物业管理区域四至：____________________

东至：____________南至：____________西至：____________北至：____________

第二章　服务内容与质量

第二条　在物业管理区域内，乙方提供的前期物业管理服务包括以下内容：

1. 物业公用部分的维修、养护和管理；
2. 物业共用设施设备的运行、维修、养护和管理；
3. 物业公用部分和相关场地的清洁卫生，垃圾的收集、清运及雨、污水管道的疏通；
4. 公共绿化的养护和管理；
5. 车辆停放管理；
6. 公共秩序维护、安全防范等事项的协助管理；
7. 装饰装修管理服务；
8. 物业档案资料管理。

第三条　在物业管理区域内，乙方提供的其他服务包括以下事项：

____

第四条　乙方提供的前期物业管理服务应达到约定的质量标准。

第五条　单个业主可委托乙方对其物业的专有部分提供维修养护等服务，服务内容和费用由双方另行商定。

第三章　服务费用

第六条　本物业管理区域物业服务收费选择以下第____种方式：

1. 包干制：

物业服务费用由业主按其拥有物业的建筑面积交纳，具体标准如下：

多层住宅：__________元/月·平方米；高层住宅：__________元/月·平方米；

别墅：______________元/月·平方米；办公楼：____________元/月·平方米；

商业物业：__________元/月·平方米；物业：______________元/月·平方米。

物业服务费用主要用于以下开支：

(1) 管理服务人员的工资、社会保险和按规定提取的福利费等；

(2) 物业公用部分、共用设施设备的日常运行、维护费用；

(3) 物业管理区域清洁卫生费用；

(4) 物业管理区域绿化养护费用；

(5) 物业管理区域秩序维护费用；

(6) 办公费用；

(7) 物业服务企业固定资产折旧；

(8) 物业公用部分、共用设施设备及公众责任保险费用；

(9) 法定税费；

(10) 物业服务企业的利润。

乙方按照上述标准收取物业服务费用，并按本合同约定的服务内容和质量标准提供服务，盈余或亏损由乙方享有或承担。

2. 酬金制：

物业服务资金由业主按其拥有物业的建筑面积预先交纳，具体标准如下：

多层住宅：__________元/月·平方米；高层住宅：__________元/月·平方米；

别墅：______________元/月·平方米；办公楼：____________元/月·平方米；

商业物业：__________元/月·平方米；物业：______________元/月·平方米。

预收的物业服务资金由物业服务支出和乙方的酬金构成。

物业服务支出为所交纳的业主所有，由乙方代管，主要用于以下开支：

(1) 管理服务人员的工资、社会保险和按规定提取的福利费等；

(2) 物业公用部分、共用设施设备的日常运行、维护费用；

(3) 物业管理区域清洁卫生费用；

(4) 物业管理区域绿化养护费用；

(5) 物业管理区域秩序维护费用；

(6) 办公费用；

(7) 物业服务企业固定资产折旧；

(8) 物业公用部分、共用设施设备及公众责任保险费用。

乙方采取以下第____种方式提取酬金：

(1) 乙方按（每月/每季/每年）____元的标准从预收的物业服务资金中提取；

(2) 乙方按（每月/每季/每年）应收的物业服务资金____%的比例提取。

物业服务支出应全部用于本合同约定的支出。物业服务支出年度结算后结余部分，转入下一年度继续使用；物业服务支出年度结算后不足部分，由全体业主承担。

第七条　业主应于____之日起交纳物业服务费用（物业服务资金）。

纳入物业管理范围的已竣工但尚未出售，或者因甲方原因未能按时交给物业买受人的物业，其物业服务费用（物业服务资金）由甲方全额交纳。

业主与物业使用人约定由物业使用人交纳物业服务费用（物业服务资金）的，从其约定，业主负连带交纳责任。业主与物业使用人之间的交费约定，业主应及时书面告知乙方。

物业服务费用（物业服务资金）按（年/季/月）交纳，业主或物业使用人应（在每次交费的具体时间）履行交纳义务。

第八条 物业服务费用实行酬金制方式计费的，乙方应向全体业主公布物业管理年度计划和物业服务资金年度预决算，并每年____次向全体业主公布物业服务资金的收支情况。

对物业服务资金收支情况有争议的，甲乙双方同意采取以下方式解决：

____

第四章　物业的经营与管理

第九条　停车场收费分别采取以下方式：

1. 停车场属于全体业主共有的，车位使用人应按露天车位____元/个·月、车库车位____元/个·月的标准向乙方交纳停车费。

乙方从停车费中按露天车位____元/个·月、车库车位____元/个·月的标准提取停车管理服务费。

2. 停车场属于甲方所有、委托乙方管理的，业主和物业使用人有优先使用权，车位使用人应按露天车位____元/个·月、车库车位____元/个·月的标准向乙方交纳停车费。

乙方从停车费中按露天车位____元/个·月、车库车位____元/个·月的标准提取停车管理服务费。

3. 停车场车位所有权或使用权由业主购置的，车位使用人应按露天车位____元/个·月、车库车位____元/个·月的标准向乙方交纳停车管理服务费。

第十条　乙方应与停车场车位使用人签订书面的停车管理服务协议，明确双方在车位使用及停车管理服务等方面的权利与义务。

第十一条　本物业管理区域内的会所属（全体业主/甲方）所有。

会所委托乙方经营管理的，乙方按下列标准向使用会所的业主或物业使用人收取费用：

____

第十二条 本物业管理区域内属于全体业主所有的停车场、会所及其他物业公用部分、共用设施设备统一委托乙方经营，经营收入按下列约定分配：

____

第五章　物业的承接验收

第十三条　乙方承接物业时，甲方应配合乙方对以下物业公用部分、共用设施设备进行查验：

____

第十四条　甲乙双方确认查验过的物业公用部分、共用设施设备存在以下问题：

____

甲方应承担解决以上问题的责任，解决办法如下：

____

第十五条　对于本合同签订后承接的物业公用部分、共用设施设备，甲乙双方应按照前条规定进行查验并签订确认书，作为界定各自在开发建设和物业管理方面承担责任的依据。

第十六条　乙方承接物业时，甲方应向乙方移交下列资料：

1. 竣工总平面图，单体建筑、结构、设备竣工图，配套设施、地下管网工程竣工图等竣工验收资料；

2. 设施设备的安装、使用和维护保养等技术资料；

3. 物业质量保修文件和物业使用说明文件。

第十七条　甲方保证交付使用的物业符合国家规定的验收标准，按照国家规定的保修期限和保修范围承担物业的保修责任。

第六章　物业的使用与维护

第十八条　业主大会成立前，乙方应配合甲方制定本物业管理区域内物业公用部分和共用设施设备的使用、公共秩序和环境卫生的维护等方面的规章制度。

乙方根据规章制度提供管理服务时，甲方、业主和物业使用人应给予必要配合。

第十九条　乙方可采取规劝等必要措施，制止业主、物业使用人违反本临时公约和物业管理区域内物业管理规章制度的行为。

第二十条　乙方应及时向全体业主通告本物业管理区域内有关物业管理的重大事项，及时处理业主和物业使用人的投诉，接受甲方、业主和物业使用人的监督。

第二十一条　因维修物业或者公共利益，甲方确需临时占用、挖掘本物业管理区域内道路、场地的，应征得相关业主和乙方的同意；乙方确需临时占用、挖掘本物业管理区域内道路、场地的，应征得相关业主和甲方的同意。

临时占用、挖掘本物业管理区域内道路、场地的，应在约定期限内恢复原状。

第二十二条　乙方与装饰装修房屋的业主或物业使用人应签订书面的装饰装修管理服务协议，就允许施工的时间、废弃物的清运与处置、装修管理服务费用等事项进行约定，并事先告知业主或物业使用人装饰装修中的禁止行为和注意事项。

第二十三条　甲方应于____（具体时间）按有关规定向乙方提供能够直接投入使用的物业管理用房。

物业管理用房建筑面积____________平方米，其中：办公用房____________平方米，位于__________；住宿用房________平方米，位于__________。

第二十四条　物业管理用房属全体业主所有，乙方在本合同期限内无偿使用，但不得改变其用途。

第七章　专项维修资金

第二十五条　专项维修资金的缴存。（略）

第二十六条　专项维修资金的管理。（略）

第二十七条　专项维修资金的使用。（略）

第二十八条　专项维修资金的续筹。（略）

第八章　违约责任

第二十九条　甲方违反本合同第十三条、第十四条、第十五条的约定，致使乙方的管理服务无法达到本合同第二条、第三条、第四条约定的服务内容和质量标准的，由甲方赔偿由此给业主和物业使用人造成的损失。

第三十条　除前条规定情况外，乙方的管理服务达不到本合同第二条、第三条、第四条约定的服务内容和质量标准，应按_____标准向甲方、业主支付违约金。

第三十一条　甲方、业主或物业使用人违反本合同第六条、第七条的约定，未能按时足额交纳物业服务费用（物业服务资金）的，应按_____标准向乙方支付违约金。

第三十二条　乙方违反本合同第六条、第七条的约定，擅自提高物业服务费用标准的，业主和物业使用人就超额部分有权拒绝交纳；乙方已经收取的，业主和物业使用人有权要求乙方双倍返还。

第三十三条　甲方违反本合同第十七条的约定，拒绝或拖延履行保修义务的，业主、物业使用人可以自行或委托乙方修复，修复费用及造成的其他损失由甲方承担。

第三十四条　以下情况乙方不承担责任：

1. 因不可抗力导致物业管理服务中断的；

2. 乙方已履行本合同约定义务，但因物业本身固有瑕疵造成损失的；

3. 因维修养护物业公用部分、共用设施设备需要且事先已告知业主和物业使用人，暂时停水、停电、停止共用设施设备使用等造成损失的；

4. 因非乙方责任出现供水、供电、供气、供热、通讯、有线电视及其他共用设施设备运行障碍造成损失的。

第九章　其他事项

第三十五条　本合同期限自_____年____月____日起至_____年____月____日止；但在本合同期限内，业主委员会代表全体业主与物业服务企业签订的物业服务合同生效时，本合同自动终止。

第三十六条　本合同期满前____月，业主大会尚未成立的，甲、乙双方应就延长本合同期限达成协议；双方未能达成协议的，甲方应在本合同期满前选聘新的物业服务企业。

第三十七条　本合同终止时，乙方应将物业管理用房、物业管理相关资料等属于全体业主所有的财物及时完整地移交给业主委员会；业主委员会尚未成立的，移交给甲方或代管。

第三十八条　甲方与物业买受人签订的物业买卖合同，应当包含本合同约定的内容；物业买受人签订物业买卖合同，即为对接受本合同内容的承诺。

第三十九条　业主可与物业使用人就本合同的权利义务进行约定，但物业使用人违反本合同约定的，业主应承担连带责任。

第四十条　本合同的附件为本合同不可分割的组成部分，与本合同具有同等法律效力。

第四十一条　本合同未尽事宜，双方可另行以书面形式签订补充协议，补充协议与本合同存在冲突的，以本合同为准。

第四十二条　本合同在履行中发生争议，由双方协商解决，协商不成，双方可选择以下第____种方式处理：

1. 向仲裁委员会申请仲裁；

2. 向人民法院提起诉讼。

第四十三条 本合同一式____份，甲、乙双方各执____份。

甲方（签章）：　　　　　　　　乙方（签章）：
法定代表人：　　　　　　　　　法定代表人：
年　月　日　　　　　　　　　　年　月　日

四、临时管理规约

（一）临时管理规约的概念

临时管理规约是指建设单位在销售物业前，对有关物业的使用、维护、管理，维护业主的共同利益，业主应当履行的义务，违反规约应当承担的责任等事项依法做出的约定。临时管理规约是全体业主必须遵守的行为守则。

（二）临时管理规约与管理规约的区别

1. 签订时间不同

临时管理规约是买房人在签订购房合同时签署的文件，在签订《商品房买卖合同》的同时，还约定物业管理服务价格、服务内容和质量，也就是说在房屋买卖时就通过签订临时管理规约和买卖合同，明确了入住后物业管理的有关事项。管理规约则是在召开业主大会后签订。

2. 制定主体不同

管理规约是业主大会制定的，临时管理规约是物业建设单位制定的。

3. 适用阶段不同

管理规约适用于业主大会成立后，临时管理规约适用于业主大会成立前。两个规约的内容基本相同，都涉及物业使用管理的义务，业主的共同利益、权利以及违反规约承担的责任。

（三）临时管理规约的内容

2004 年 9 月，建设部制定了《业主临时公约（示范文本）》。2007 年 8 月，《物业管理条例》修订后，将“业主临时公约”改为“临时管理规约”，《临时管理规约（示范文本）》明确了临时管理规约应当具备的主要内容。

五、案例分析

案例 4－1

某物业服务企业系由某房产企业出资设立，该房产企业利用这种特殊关系与之签订前期物业管理合同，委托该物业服务企业对小区实施物业管理，委托期限为 8 年，每平方米收费 2.5 元（同等物业收费 1.2 元）。业主相继入住后，发现小区管理混乱，物业服务差，收费相比其他同等物业高出许多，业主对此不满，矛盾纠纷不断产生。请问业主可以就该前期物业管理合同在法律上的问题而主张权利吗？

案例分析：该前期物业管理期限的条款违反了现行有关物业管理法律法规规定，业主可以依法向法院请求确认该条款无效。约定根据《物业管理条例》和有关法律法规规定，前期物业管理合同的期限，应至业主委员会与物业服务企业签订的物业服务合同生效时止，一般不得超过两年。本案中，房产开发企业与由其自身设立的物业服务企业设置了长达 8 年的委托管理期限，显然是侵犯了业主的合法权益，该约定因违反了法律强制性规定，按照《合同法》的相关规定属于无效约定。

该前期物业管理合同关于物业管理费的约定属于依法可以申请变更的条款。在签署该条款时房产开发商首先有义务提请业主注意相关条款，并按照对方要求对这些条款做出说明。其次，该条款有显失公平的情形，按照《合同法》的规定业主依法可以申请撤销和变更该条款。

任务三　物业承接查验

案例导学

某小区自开发商撤出后，物业服务企业没有真正履行管理义务。小区路灯等公共设施受损得不到及时解决，业主怨声载道，开发商却与物业服务企业相互推诿。由于大多数业主入住前没有查验小区公共部位及设施的质量达标情况，以至于存在质量问题的部分无法被发现并及时得到维修。作为责任主体的开发商及物业服务企业遗留下来的问题，成了小区全体业主的头疼事。案例中的问题应如何解决？

评析：

在商品房交房过程中，绝大多数业主只对自己购买的房屋内部进行检查验收，而忽略对小区公用部分、公共设施设备的查验。因此，这些未被查验的部分若存在质量问题，就不能被发现并要求开发商维修。一旦在房屋保质期外出现故障，就得使用公共维修资金维修，损害了业主的利益。

开发商必须在确保物业不存在质量问题的情况下才能撤出。交接后发现隐蔽工程质量问题、影响房屋结构安全和正常使用以及给业主造成经济损失的，由开发建设单位负责维修及依法承担赔偿责任。物业服务企业擅自承接未经查验的物业，因物业公用部分、共用设施设备缺陷给业主造成损害的，物业服务企业也要承担相应的赔偿责任。

一、物业承接查验概述

（一）物业承接查验的概念

《物业承接查验办法》第二条规定：物业承接查验，是指承接新建物业前，物业服务企业和建设单位按照国家有关规定和前期物业服务合同的约定，共同对物业共用部位、共用设施设备进行检查和验收的活动。从法律性质上而言，承接查验既是物业服务企业履行生效服务合同所应尽的第一项重要义务，也是物业服务企业享有管理权的一项重要权利，是物业管理中委托方与受托方履行物业管理服务合同的法定程序和约定程序。从产生的法律效力来看，它是物业管理权利、义务在责任转移中的分界点，管理物业的权利以及管理物业的风险责任均从委托方转移到了受托的物业服务企业；物业通过承接验收后，就意味着物业服务企业对物业的安全、正常运行等开始行使权利并承担义务。因此，物业服务企业对委托方所移交的物业一定要把好验收关；否则，可能会为自己在今后改造、增设工程以及行使其他管理职责带来不必要的法律纷争。

（二）物业承接查验的法律意义

物业承接查验是物业管理过程中对工程质量进行监控的不可缺少的环节，也是物业管理的基础性工作之一。目前，我国的物业管理还处于发展阶段，一些物业服务企业的行为不规范。在签订合同时，往往忽视了物业承接查验。房屋的管网设施、隐蔽工程等存在的问题，有些往往在业主入住后才会暴露出来。如果不进行严格的承接查验，后果必然是产品质量、施工安装质量责任、管理维护责任不清，纠纷多、投诉多，业主和物业服务企业的合法权益得不到有效保护。《物业管理条例》第二十八条规定：“物业服务企业承接物业时，应当对物业共用部位、共用设施设备进行查验。”因此，物业承接查验具有以下法律意义：

（1）明确建设单位、开发商、业主、物业服务企业的权利与义务，维护各自的合法权益。

（2）促使建设单位、开发商提高建设质量，加强物业建设与管理的衔接，提供开展物业管理的必备条件，确保物业的使用安全和功能，保障物业服务企业和业主的权益。

（3）为物业服务企业今后的管理创造了条件，避免物业管理过程中产生矛盾和纠纷。

二、物业承接查验的内容与程序

（一）物业承接查验的内容

1. 资料验收

现场查验20日前，建设单位应当向物业服务企业移交下列资料：

（1）竣工总平面图，单体建筑、结构、设备竣工图，配套设施、地下管网工程竣工图等竣工验收资料。

（2）共用设施设备清单及其安装、使用和维护保养等技术资料。

（3）供水、供电、供气、供热、通信、有线电视等准许使用文件。

（4）物业质量保修文件和物业使用说明文件。

（5）承接查验所必需的其他资料。

2. 物业共用部位的检查和验收

共用部位一般包括建筑物的基础、承重墙体、柱、梁、楼板、屋顶以及外墙、门厅、楼梯间、走廊、楼道、扶手、护栏、电梯井道、架空层及设备间等。

3. 共用设施设备的检查和验收

共用设备一般包括电梯、水泵、水箱、避雷设施、消防设备、楼道灯、电视天线、发电机、变配电设备、给排水管线、电线、供暖及空调设备等。

共用设施一般包括道路、绿地、人造景观、围墙、大门、信报箱、宣传栏、路灯、排水沟、渠、池、污水井、化粪池、垃圾容器、污水处理设施、机动车（非机动车）停车设施、休闲娱乐设施、消防设施、安防监控设施、人防设施、垃圾转运设施以及物业服务用房等。

（二）物业承接查验的程序

物业承接查验按照下列程序进行：

（1）确定物业承接查验方案。

（2）移交有关图纸资料。

（3）查验共用部位、共用设施设备。

（4）解决查验发现的问题。

（5）确认现场查验结果。

（6）签订物业承接查验协议。

（7）办理物业交接手续。

三、物业承接查验的法律依据

为了规范物业承接查验行为，国家制定了一系列法规和标准，主要包括：住建部颁布自2011年1月1日起施行的《物业承接查验办法》；1997年11月23日建设部颁布的《建设住宅设计质量和加强住宅设计管理的若干意见》；1998年建设部颁布的《商品房住宅实行住宅质量保证书制度的规定》；1999年6月4日建设部修订发布的《房屋接管验收标准》；2000年1月30日国务院颁布的《建设工程质量管理条例》等。

项目小结

前期物业管理，是指房屋出售后至业主委员会与业主大会选聘的物业服务企业签订的物业服务合同生效时止，由建设单位选聘物业服务企业对房屋及配套的设施设备和相关场地进行维修、养护、管理，维护相关区域内的环境卫生和秩序的活动。前期物业管理的内容包括以下几个方面：房地产开发建设单位与物业服务企业接洽有关前期物业管理委托事项；物业服务企业制定接管方案，做好竞标准备；物业服务企业的承接验收；物业服务企业的管理制度；建立与社会上有关单位、部门的联络，构建综合服务网络；对业主入住进行管理。

前期物业服务合同具有三个特征：合同的过渡性、合同主题的不同性、合同的要式性。具体内容包括：合同双方与物业的基本情况；服务内容与质量；物业服务费用收费方式；物业的经营管理活动；物业的承接与查验；物业的使用与维护；专项维修资金；违约责任。物业承接检查是指物业服务企业对建设单位所移交新建房屋或实行产权转移的原有房屋按照行业标准进行的，以物业主体结构安全和满足使用功能为主要内容的承接验收。其查验内容包括：确定物业承接查验方案；移交有关图纸资料；查验共用部位、公用设施设备；解决查验发现的问题；确认现场查验结果；签订物业承接查验协议；办理物业交接手续。

职业实训练习

- **实训目的**

(1) 了解新楼盘交接与查验应注意的事项；

(2) 掌握新楼盘的交接与查验工作流程；

(3) 学会进行新楼盘的交接与查验工作。

- **实训内容**

参加开发商与物业服务企业新楼盘的交接与查验活动。

- **实训要求**

(1) 联系一个新楼盘；

(2) 参加开发商与物业服务企业新楼盘的交接与查验工作。

项目五

业主自治法律制度

学习目标

知识目标：了解业主的权利和义务的概念、特征，业主委员会的概念、特征；了解业主与开发商及与物业服务企业的关系；掌握业主的权利和义务，业主大会的成立、职责，业主大会会议、议事规则的法律规定；熟悉业主委员会成立的条件、职责等相关法律规定以及管理规约的法律规定。

能力目标：能较好地组织召开业主大会、业主委员会等会议。

任务一　业主

案例导学

牟先生某年3月购买了某小区一套商品住房，签订了《商品房销售合同》，并到房地产交易管理部门办理了合同备案登记，但一直未办理房屋所有权证。当年5月，牟先生将房屋出租。一年多来，牟先生一直未交物业费，物业服务企业几次催要，牟先生称并未取得产权证，也不是房屋使用人，无义务支付物业费。物业服务企业准备通过诉讼解决。牟先生的做法对吗?

评析：

虽然我国法律对滞期办理权属登记的行为尚无制约性规定，但牟先生从开发商领取商品房销售许可证、房屋大产权证起，即具有条件办理房屋产权证而一直没办理，并以此为由拒付物业费，其做法违背公平原则。牟先生能办产权证而不办，说明他对房屋所有权享有期等权、待办权，即使未办理房屋所有权证，购房人也不得拒付物业管理费。根据《物业管理条例》第四十一条的规定，业主与物业使用人约定由物业使用人交纳物业服务费用的，从其约定，业主负连带交纳责任。牟先生未实际使用房屋，在使用人未支付物业管理费用的情况下，牟先生应有支付义务。法律规定：业主在享受服务的同时，也应该承担一些支付费用的义务。

一、业主概述

（一）业主的概念

从广义上讲，业主包括对房屋及相关的物有直接支配权的占有人、使用人、收益人和处分人。业主可以是自然人、法人和其他组织，可以是本国公民或组织，也可以是外国公民或组织。物业与建筑上讲的业主本质上是一致的，都是指物业（产权）所有者。业主是物业管理法律关系中的主要主体，没有业主的参与，便无从谈起物业管理。从不同的角度对业主进行划分，可有不同的业主种类。

（二）业主的分类

（1）按照自然属性，可分为自然人业主和非自然人业主。自然人业主的所有权人为自然人，可为1人，也可为多人；非自然人业主分为法人业主和非法人业主。

（2）按照数量多少，可分单独业主、双方业主和多方业主。

（3）按照所有权性质，可分公房业主和私房业主。公房业主是指属于国家所有和属于集体所有的物业。一般国有公房业主是指国家委托代管或使用其物业的单位或部门。私房业主是指单元商品房的购买者和公房出售取得全产权的公民个人。

二、业主的权利

业主的权利基于其对物业的所有权。根据《物业管理条例》第六条第二款的规定，业主的权利主要有：

（1）按照物业服务合同的约定，接受物业服务企业提供的服务；

（2）提议召开业主大会会议，并就物业管理的有关事项提出建议；

（3）提出制定和修改管理规约、业主大会议事规则的建议；

（4）参加业主大会会议，行使投票权；

（5）选举业主委员会成员，并享有被选举权；

（6）监督业主委员会的工作；

（7）监督物业服务企业履行物业服务合同；

（8）对物业公用部分、共用设施设备和相关场地使用情况享有知情权和监督权；

（9）监督物业公用部分、共用设施设备专项维修资金的管理和使用；

（10）法律、法规规定的其他权利。

《物权法》第七十条规定："业主对建筑物内的住宅、经营性用房等专有部分享有所有权，对专有部分以外的共有部分享有共有和共同管理的权利。"

根据《物权法》第七十一条的规定，业主对其建筑物专有部分享有占有、使用、收益和处分的权利。

作为第一业主的开发商，在其开发建设的物业未全部出售之前，还享有一些特殊权利，主要包括以下几个方面：

（1）住宅小区或大楼的命名权。

（2）住宅小区或大楼建筑规划的更改、修订权（规划的更改或修订必须事先获得有关主管部门的批准）。

（3）住宅小区或大楼外墙上、公共地方的广告权。

（4）住宅小区或大楼内任何部位的检修权。如有必要，可进入已售单元房的内部，但除紧急情况外，应事先通知有关的业主和物业使用人。当然，第一业主在行使此项权利时不得妨碍有关业主使用其单元房的权利。

（5）前期物业管理聘请权。前期物业管理是指住宅出售后至业主委员会成立前的物业管理。此时，第一业主有选聘物业服务企业的权利。待业主大会成立后，该项聘请权由业主大会享有。

三、业主的义务

业主的义务是指业主依据法律、物业服务合同的约定应当履行的义务。根据《物业管理条例》第七条的规定，业主的义务主要有：

（1）遵守管理规约、业主大会议事规则；

（2）遵守物业管理区域内物业公用部分和共用设施设备的使用、公共秩序和环境卫生的维护等方面的规章制度；

（3）执行业主大会的决定和业主大会授权业主委员会做出的决定；

（4）按照国家有关规定交纳专项维修资金；

（5）按时交纳物业服务费用；

（6）法律、法规规定的其他义务。

四、案例分析

案例 5-1

某小区的业主邢某入住新居后不久发现房屋内墙有剥落情况，而且厨房的管道和阀门也有质量问题，于是向物业服务企业提出要求协助解决。物业服务企业多次协助邢某与开发商协商处理未果，质量问题依旧。邢某一怒之下联络了几户有类似情况的业主拒交物业管理费。请问邢某和其他业主的举动能否得到法律的支持，为什么？邢某等业主的行为在法律上要承担什么责任？

案例分析：邢某等业主不交物业管理费的行为不能得到法律的支持。开发商遗留的问题是业主和建设单位之间的法律问题，而物业管理费用是业主和物业服务企业之间的法律问题，两者不能混淆。对于开发商遗留的问题，业主应当与建设单位通过协商或诉讼解决纠纷，业主只能向开发商主张自己的权利。

物业服务企业与邢某等业主的法律关系是委托管理服务的关系，在物业服务企业已经履行物业管理服务义务的情况下，业主邢某等不能通过不交纳物业管理费的方式维权，业主拒绝交纳物业管理费是违反物业服务合同的行为，要承担对物业服务企业的违约责任。

业主邢某等在法律上不但将承担对物业服务企业的违约责任，在有物业服务合同约定相应交费条款的情况下，还要承担对其他业主的违约责任，因为物业管理费中还包含了公共的绿化、保洁、维修维护等费用，如果邢某等业主不交费，将影响物业的正常管理，构成对其他业主的违约。

任务二　业主大会

案例导学

李某在某小区买了一套复式楼房，该小区共有20栋住房。入住半年后，物业服务企业通知李某参加业主大会。在会上，物业服务企业负责人宣布，经过本次业主大会选举产生第一任业主委员会。李某发现，来开会的业主还不到30人，按照一般的选举惯例，至少应该有一半业主参加大会投票产生的业主委员会才能有效。李某当场向物业服务企业负责人提出质询，要求物业服务企业宣布此次业主大会选举结果无效。请分析李某的要求是否合理、合法。

评析：

李某的要求是合理、合法的。业主大会是由全体业主组成，决定物业管理重大事项的业主自治管理组织。业主自治是指业主有权对自己拥有的房产的使用、经营和管理做出决定。这种自治是通过业主大会来实现的。业主人数较多时，可以按比例推选业主代表，组成业主代表大会。业主大会或业主代表大会邀请使用人代表列席。按照《物业管理条例》的规定，在物业交付使用且住用率达到一定比例时，由政府物业管理行政主管部门指导，监督开发商企业或其委托的物业服务企业，按法定程序和形式召集第一次业主大会。业主大会必须由一半以上的业主出席才能举行。本案中，由于参加大会的业主达不到规定的人数，所以其所做出的决定无效。

一、业主大会的成立

《物业管理条例》第十条规定："同一个物业管理区域内的业主，应当在物业所在地的区、县人民政府房地产行政主管部门或者街道办事处、乡镇人民政府的指导下成立业主大会，并选举产生业主委员会。但是，只有一个业主的，或者业主人数较少且经全体业主一致同意，决定不成立业主大会的，由业主共同履行业主大会、业主委员会职责。"业主筹备成立业主大会的，应当在物业所在地的区、县人民政府房地产行政主管部门或街道办事处（乡镇人民政府）的指导下，由业主代表、建设单位（包括公有住房出售单位）组成业主大会筹备组（以下简称筹备组），负责业主大会筹备工作。筹备组成员名单确定后，以书面形式在物业管理区域内公告。筹备组应当做好下列筹备工作：

（1）确认并公示业主身份、业主人数以及所拥有的专有部分面积；
（2）确定首次业主大会会议召开的时间、地点、形式和内容；
（3）草拟管理规约、业主大会议事规则；
（4）依法确定首次业主大会会议表决规则；
（5）制定业主委员会委员候选人产生办法，确定业主委员会委员候选人名单；
（6）制定业主委员会选举办法；
（7）完成召开首次业主大会会议的其他准备工作。

前款内容应当在首次业主大会会议召开 15 日前以书面形式在物业管理区域内公告。业主对公告内容有异议的，筹备组应当记录并作出答复。

筹备组应当自组成之日起 90 日内完成筹备工作，组织召开首次业主大会会议。

二、业主大会的职责

根据《物业管理条例》第十一条的规定，下列事项由业主共同决定：
（1）制定和修改业主大会议事规则；
（2）制定和修改管理规约；
（3）选举业主委员会或者更换业主委员会成员；
（4）选聘和解聘物业服务企业；
（5）筹集和使用专项维修资金；
（6）改建、重建建筑物及其附属设施；
（7）有关共有和共同管理权利的其他重大事项。

三、业主大会会议和议事规则

（一）业主大会会议的召开方式

《物业管理条例》第十二条第一款规定："业主大会会议可以采用集体讨论的形式，也可以采用书面征求意见的形式；但应当有物业管理区域内专有部分占建筑物总面积过半数的业主且占总人数过半数的业主参加。"可见，业主大会召开的方式有两种：一是集体讨论；二是书面征求意见。此外，根据《物业管理条例》第十二条第二款的规定，业主还可以委托代理人参加业主大会会议。物业管理区域内业主人数较多的，可以幢、单元、楼层等为单位，推选一名业主代表参加业主大会会议。

（二）业主大会的议事规则

业主大会的议事规则应当就业主大会的议事方式、表决程序、业主投票权确定办法、业主委员会的组成和委员任期等事项做出约定。

1. 业主代表的职责

推选业主代表参加业主大会会议的，业主代表应当于参加业主大会会议 3 日前，就业主大会会议拟讨论的事项书面征求其所代表的业主意见，凡需投票表决的，业主的赞同、反对及弃权的具体票数经本人签字后，由业主代表在业主大会投票时如实反映。业主代表因故不能参加业主大会会议的，其所代表的业主可以另外推选一名业主代表参加。

2. 业主大会特定事项的决定权

根据《物业管理条例》第十二条第三款的规定，业主大会决定筹集和使用专项维修资金和改建、重建建筑物及其附属设施这两项内容，应当经专有部分占建筑物总面积2/3以上的业主且占总人数2/3以上的业主同意；决定《物业管理条例》第十一条规定的其他事项，应当经专有部分占建筑物总面积过半数的业主且占总人数过半数的业主同意。

3. 业主大会或者业主委员会决定的法律效力

根据《物业管理条例》第十二条第四款的规定，业主大会或者业主委员会的决定，对业主具有约束力。业主一般情况下没有特殊原因，应履行业主大会的决定，但是，业主大会或者业主委员会的决定应当以书面形式在物业管理区域内及时公告，不告知的决定视为无效，业主有权不履行。

4. 业主的救济权

根据《物业管理条例》第十二条第五款的规定，业主大会或者业主委员会做出的决定侵害业主合法权益的，受侵害的业主可以请求人民法院予以撤销。

5. 业主大会召开的形式

根据《物业管理条例》第十三条的规定，业主大会会议分为定期会议和临时会议。业主大会定期会议应当按照业主大会议事规则的规定召开。

有下列情况之一的，业主委员会应当及时组织召开业主大会临时会议：

（1）经专有部分占建筑物总面积20%以上且占总人数20%以上业主提议的；

（2）发生重大事故或者紧急事件需要及时处理的；

（3）业主大会议事规则或者管理规约规定的其他情况。

6. 业主大会的前期准备

根据《物业管理条例》第十四条的规定，召开业主大会会议，应当于会议召开15日以前通知全体业主。业主委员会应当在业主大会会议召开15日前将会议通知及有关材料以书面形式在物业管理区域内公告。住宅小区的业主大会会议，应当同时告知相关的居民委员会。业主委员会应当做好业主大会会议记录。

任务三　业主委员会

案例导学

某小区物业管理合同到期，该小区业主委员会聘请了专业咨询公司做招投标工作，向社会公开招投标，共有6家物业服务企业参加了招投标。原物业服务企业也参加了投标，最终A物业服务企业中标。而原物业服务企业不愿退出，僵持了三个月后，中标的A物业服务企业将原物业服务企业和小区业主委员会告上法院，要求赔偿不能履行合同造成的经济损失。应如何处理本案例中的问题？

评析：

物业服务企业与业主之间是委托合同关系，业主作为委托人，通过物业管理委托合同的约定，委托物业服务企业来管理自己的物业。本案例中提到的原物业服务企业与业主的委托合同已经到期，在新一轮的招投标中又没有中标，显然其不退出物业的行为侵犯了业主和中标的A物业服务企业的权利，依照法律规定需要承担停止侵害、赔偿损失的民事责任。根据《物业管理条例》的规定，物业管理服务合同到期，原物业服务企业应做好物业管理资料移交工作，并及时撤离管理区域。

一、业主委员会的概念

业主委员会是业主大会的执行机构。业主委员会由业主大会依法选举产生，履行业主大会赋予的职责，执行业主大会决定的事项，接受业主的监督。经房地产行政管理部门核准登记成立的，具有合法的地位。业主委员会有一定的组织性和稳定性。

业主委员会有相应的职责，有一定的权利和义务，在某些情况下具有诉讼主体地位。因此，业主委员会的法律性质一般应认定为具有一定诉讼地位的机构。

二、业主委员会的成立、换届与解散

（一）业主委员会委员应当符合的条件

（1）本物业管理区域内具有完全民事行为能力的业主；

（2）遵守国家有关法律、法规；

（3）遵守业主大会议事规则、业主公约，模范履行业主义务；

（4）热心公益事业，责任心强，公正廉洁，具有社会公信力；

（5）具有一定组织能力；

（6）具备必要的工作时间。

由业主委员会三分之一以上委员或者持有20%以上投票权数的业主提议，认为有必要变更业主委员会委员的，由业主大会会议做出决定，并以书面形式在物业管理区域内公告。业主委员会委员有下列情形之一的，经业主大会会议通过，其业主委员会委员资格终止：

（1）因物业转让、灭失等原因不再是业主的；

（2）无故缺席业主委员会会议连续三次以上的；

（3）因疾病等原因丧失履行职责能力的；

（4）有犯罪行为的；

（5）以书面形式向业主大会提出辞呈的；

（6）拒不履行业主义务的；

（7）因其他原因不宜担任业主委员会委员的。

业主委员会委员资格终止的，应当自终止之日起3日内将其保管的档案资料、印章及其他属于业主大会所有的财物移交给业主委员会。

（二）业主委员会的成立

业主委员会应当自选举之日起 7 日内召开首次会议，推选业主委员会主任和副主任。业主委员会应当自选举产生之日起 30 日内，向物业所在地的区、县人民政府房地产行政主管部门备案。

业主委员会主任、副主任在业主委员会委员中推选产生。业主委员会委员应当由热心公益事业、责任心强、具有一定组织能力的业主担任。

（三）业主委员会的换届

业主委员会任期届满前 3 个月，应当组织召开业主大会会议，进行换届选举，并报告物业所在地的区、县房地产行政主管部门和街道办事处、乡镇人民政府。应当召开业主大会会议进行业主委员会的换届选举；逾期未换届的，房地产行政主管部门可以指派工作人员指导其换届工作。

原业主委员会应当在其任期届满之日起 10 日内，将其保管的档案资料、印章及其他属于业主大会所有的财物移交新一届业主委员会，并做好交接手续。

（四）业主委员会的解散

因物业管理区域发生变更等原因导致业主大会解散的，在解散前，业主大会、业主委员会应当在区、县人民政府房地产行政主管部门和街道办事处（乡镇人民政府）的指导监督下，做好业主共同财产清算工作。业主委员会备案的有关事项发生变更的，依照前款规定重新备案。

三、业主委员会会议程序制度

业主委员会应当按照业主大会议事规则的规定及业主大会的决定召开会议。经三分之一以上业主委员会委员的提议，应当在 7 日内召开业主委员会会议。业主委员会会议由主任召集和主持。业主委员会会议应有过半数的委员出席，作出的决定必须经全体委员半数以上同意。业主委员会应当于会议召开 7 日前，在物业管理区域内公告业主委员会会议的内容和议程，听取业主的意见和建议。业主委员会会议应当制作书面记录并存档，业主委员会会议作出的决定，应当有参会委员的签字确认，并自作出决定之日起 3 日内在物业管理区域内公告。

四、业主委员会的职责

（1）执行业主大会的决定和决议。

（2）召集业主大会会议，报告物业管理实施情况。

（3）与业主大会选聘的物业服务企业签订物业服务合同。

五、业主大会议事规则和管理规约

（一）业主大会议事规则

业主大会议事规则是由业主大会筹备组织拟订或业主委员会表决通过的，规定确定物业区域内业主大会的议事方式、表决程序、业主投票权决定办法，业主委员会的组成和委员任期等业主大会和业主委员会组织事项的基本法律文件。业主大会议事规则应当对下列主要事项作出规定。

（1）业主大会名称及相应的物业管理区域。

（2）业主委员会的职责。

（3）业主委员会议事规则。

（二）管理规约

1. 管理规约的概念

业主公约是由业主大会筹备组织拟订或业主委员会修订，业主大会表决通过的，有关物业区域内共同事务管理的自治规则。业主公约订立的法律主体是业主全体；业主公约的法律性质是自治规则，其效力相当于全体业主相互承诺的契约，对全体业主具有约束力。

在前期物业管理阶段，业主大会成立前，业主公约是由开发商委托物业服务企业代为制定的，称为业主临时公约。

2. 管理规约的制定依据

制定业主公约的法律依据是《物业管理条例》《业主大会规程》及相关规定。《物业管理条例》第六条规定，业主在物业管理活动中，享有提出制定和修改业主公约的建议权利。

3. 管理规约规定的主要事项

（1）物业的使用、维护、管理。

（2）专项维修资金的筹集、管理和使用。

（3）物业共用部分的经营与收益分配。

（4）业主共同利益的维护。

（5）业主共同管理权的行使。

（6）业主应尽的义务。

（7）违反管理规约应当承担的责任。

4. 违约责任和违约纠纷的解决

违约责任是业主不履行管理规约义务而承担的民事责任，其以支付违约金和赔偿损失为主要的承担责任的方式。在违约责任中还要明确解决争议的办法，如通过业主委员会或者物业服务企业调解和处理等，业主不服调解和处理的，可通过诉讼渠道解决。

六、案例分析

案例 5 - 2

某小区的业主周某平时很热心小区工作，在业主中人缘也很好，在一次业主代表大会进行的业主委员会委员选举中，周某得票较多。但物业服务企业以周某不配合企业开展工作为由，认为周某不具备当选资格。周某能否当选业主委员会委员？

案例分析：业主委员会委员是由业主代表大会选举的，这是业主代表大会的权利，物业服务企业作为物业管理辖区的一员，受业主委员会委托为该辖区提供管理服务，充当的是“管家”的角色，对业主代表大会的任何选举结果无权干涉。

案例处理：物业服务企业应向周某及业主委员会为自己的干涉行为道歉，否则将会给业主委员会带来工作上的阻力，影响周某及业主委员会的形象。同时应表示希望周某配合物业服务企业做好工作。

案例 5-3

2011 年 2 月 25 日，某小区业主代表大会选举赵女士、孙先生等九人为该小区业主委员会成员，并通过了业主委员会章程，后又由业主委员会选举孙先生为主任。2011 年 4 月 16 日某区房屋土地管理局颁发了该小区业主委员会证书，登记的组织负责人为孙先生。2011 年 12 月 22 日，该小区业主委员会召开会议，经自然人业主、法人业主某房地产有限公司的代表以及自然人业主的委托代理人表决，罢免了业主委员会主任孙先生的职务，保留其委员职务，并选举赵女士为新的业主委员会主任。孙先生中途离会，未参加表决，并于 2012 年 1 月 20 日自行召集业主代表大会，决定不执行 2011 年 12 月 22 日的业主委员会决议。2012 年 1 月 18 日，该小区业主委员会致函某区房屋土地管理局申请变更主任登记。某区房屋土地管理局审核了第三人提供的 2011 年 4 月 16 日的业主委员会证书、变更登记申请函及 2011 年 12 月 22 日的业主委员会决议后，于 2012 年 2 月 4 日颁发了新的小区业主委员会证书，负责人由孙先生变更为赵女士。孙先生认为业主委员会无权做出罢免主任的决定，之后由孙先生召集的业主代表大会已否决了业主委员会 2011 年 12 月 22 日的决议，某区房屋土地管理局据此做出的变更该业主委员会主任的具体行政行为缺乏合法依据，故要求法院撤销某区房屋土地管理局于 2012 年 2 月 4 日颁发的业主委员会证书。法院依照我国《行政诉讼法》第五十四条第（一）项，参照某市房屋土地资源管理局《加强业主委员会管理若干规定》第二条第（二）项的规定，判决维持被告某区房屋土地管理局于 2012 年 2 月 4 日颁发的某小区业主委员会证书。该案应如何处理？

案例分析：某区房屋土地管理局根据第三人提交的申请等材料做出颁证行为，对第三人的申请只做程序上的审查，不做实体审查，无权干预业主委员会的自治行为。某区房屋土地管理局作为房屋行政管理职能部门，具有颁发业主委员会证书的主体资格。有关规范性文件未规定业主委员会主任的罢免程序，而该小区业主委员会章程规定主任、副主任在全体委员会中选举产生；委员（包括主任、副主任）经业主代表大会决定可予罢免。该规定是对业主代表大会罢免主任的授权，而非对业主委员会罢免主任资格的排除。而章程对于业主委员会主任资格的罢免程序也未做规定，因此由主任的选举单位即业主委员会行使罢免权并无不当。2011 年 12 月 22 日，业主委员会会议进行表决时孙先生未在场，委员会做出罢免决议并选举赵女士为主任，故最终该决议有效。孙先生自行召集业主代表大会与章程规定的程序不符，故该次业主代表大会做出的决定无效。被告根据原业主委员会证书、业主委员会的申请及决议，进行变更登记，颁发新的业主委员会证书，证据确凿，适用法律、法规正确，符合法定程序，应予维持。

案例 5-4

2011 年入住某小区的业主们发现，开发商售房时承诺的绿地面积、地下车库和垃圾间等配套设施都没能兑现，而且新房还普遍存在墙体薄、隔音差等问题。业主们遂委托该小区业主委员会起诉，要求开发商履行32%绿化率、向辖区学校交纳教育基金以解决业主子女就近上学问题等11项承诺。2012年10月，法院最终认定该业委会的起诉针对的是开发商广告欺诈和合同违约，此案与物业管理无关，故以该小区业主委员会不具备诉讼主体资格，无权代表业主提起商品房预售合同诉讼为由，终审裁定驳回业主委员会的起诉。该案例应如何处理？

案例分析：《物业管理条例》第十九条第一款规定："业主大会、业主委员会应当依法履行职责，不得作出与物业管理无关的决定，不得从事与物业管理无关的活动。"业主委员会只有在物业服务企业违反合同约定损害业主公共权益，业主大会决定提前解除物业服务合同时物业服务企业拒绝退出，物业服务合同终止时物业服务企业拒绝将物业管理用房和资料移交给业主委员会及其他损害全体业主公共权益的情形下，才能代表业主成为原告。

案例5-5

某小区4位业主因拖欠物业费、供暖费而被物业服务企业诉至法庭。被告认为，物业服务企业核算的年物业费为6 000余元，其中仅电梯费就高达4 800余元，而业委会计算出的电梯费却只有900余元，因此物业费不合理。被告代理律师根据《物业管理条例》第六十五条，违反物业服务合同约定，业主逾期不交纳物业服务费用的，业主委员会应当督促其限期交纳，逾期仍不交纳的，物业服务企业可以向人民法院起诉，认为不经过业委会督促，物业服务企业无权起诉业主。该案例应如何处理？

案例分析：这一案例的焦点在于，未经业委会督促限期交纳，物业服务企业不能起诉业主的抗辩理由是否成立。《物业管理条例》第三十四条规定："业主委员会应当与业主大会选聘的物业服务企业订立书面的物业服务合同。"物业服务合同中明确规定业主的交费的义务。业主委员会虽然是合同的签约主体，但由于代表了全体业主的意志，而且在业主大会选聘物业服务企业过程中进行了表决，《业主公约》中也明确约定了业主交费的义务。因此，业主是交费的义务主体，把"业委会督促业主交纳欠交的物业费"作为物业服务企业起诉业主的前置程序是有道理的。但是业委会只起督促、协调作用，不能为业主欠费负责。经过督促后仍不交费者，物业服务企业可以直接起诉业主，而不需经业委会同意。

案例5-6

某公寓按照某市规划局规划为住宅楼，建筑设计为地上20层、地下2层、楼高59米。该公寓物业服务企业在开发建设过程中，为赚取更大的盈利，未经市规划局批准，违法加高一层，将原设备层改建在21层。公寓地下一层原设计为自行车车库，现在一部分被改为职工宿舍，另一部分对外出租经营。该公寓21层以及地下一层功能上为整栋建筑服务的公共建筑、共用设备和公用面积，在该物业服务企业售房时，已经作为公摊面积。2013年6月25日，该公寓召开了业主大会，大会以更换物业服务企业为主要议项，并让全体业主就是否同意更换现有的物业服务企业进行了投票。在投票之后形成的业主大会决议中有如下内容：(1) 终止公寓业主与原物业服务企业的物业管理服务关系；(2) 与原物业服务企业交涉有关归还公寓开发建设及物业管理的全部资料；(3) 接管公寓公共建筑和共用设施的场地，恢复该部位的使用功能；(4) 选择新的物业服务企业，并签订物业服务合同。上述业主大会决议由业主委员会负责落实执行。该公寓物业服务企业拒绝执行业主大会决议，故业主委员会对物业服务企业提起诉讼。但根据业主委员会提交的投票情况记录，投票表决赞成更换原物业服务企业的业主不到全体业主的一半。市人民法院裁定驳回该业主委员会的起诉。如何理解该案例?

案例分析：业主委员会是业主大会的执行机构，履行召开业主大会会议，报告物业管理的实施情况；代表业主与业主大会选聘的物业服务企业签订物业服务合同；及时了解业主、物业使用人的意见和建议，监督和协助物业服务企业履行物业服务合同；监督业主公约的实施及业主大会赋予的其他职责。业主大会形成了接管该公寓公共建筑和共用设施的场地，恢复该部位使用功能的决议，并依据上述决议提起诉讼。但该业主委员会提交的证据只能证明该公寓的业主对是否更换物业服务企业进行了投票表决，无法证明其就诉请内容召开了业主大会并形成了决议。故对于该公寓物业服务企业的起诉，法院不予支持。

项目小结

《物业管理条例》第六条第一款规定："房屋的所有权人为业主。"业主的权利基于其对物业的所有权。业主的义务是指业主依据法律、物业服务合同的约定应当履行的义务。业主大会的议事规则应当就业主大会的议事方式、表决程序、业主投票权确定办法、业主委员会的组成和委员任期等事项做出约定。包括业主代表的职责；业主大会特定事项的决定权；业主大会或者业主委员会决定的法律效力；业主的救济权；业主大会召开的形式；业主大会的前期准备。业主委员会是业主大会的执行机构。业主委员会由业主大会依法选举产生，经房地产行政管理部门核准登记成立的，具有合法的地位。业主委员会有一定的组织性和稳定性。

职业实训练习

- **实训目的**

(1) 了解业主大会和业主委员会会议的组织过程；

(2) 掌握业主大会和业主委员会会议的主要议程和会议内容；

(3) 学会组织召开业主大会和业主委员会会议。

- **实训内容**

参加一次小区组织的业主大会或者业主委员会会议。

- **实训要求**

(1) 联系一个小区；

(2) 协助小区组织业主大会或者业主委员会进行会议筹备工作；

(3) 撰写一份组织业主大会或者业主委员会会议的实训报告。

项目六

物业服务合同

学习目标

知识目标：了解合同的基本法律知识，掌握物业服务合同主要内容、构成要件、订立与履行，熟悉物业服务合同的订立程序。

能力目标：能够拟订简单的物业服务合同，运用法律知识解决物业服务合同履行中存在的问题和纠纷。

任务一　物业服务合同概述

案例导学

小区部分业主以A物业服务企业（以下简称A）没有与业主或开发商签订物业服务合同为由拒绝支付物业服务费。A认为自己是经原在该小区进行前期物业管理的B物业服务企业（以下简称B）同意，接替B继续物业管理服务的。虽然开发商未与其签订物业服务合同，后小区业主委员会成立，也未聘用A，而是与C物业服务企业（以下简称C）签订了物业服务合同，但是在B撤走至C进小区前，A实际进行了物业管理服务，有权收取物业服务费和滞纳金，于是对部分业主提起诉讼。业主认为，开发商和业主委员会均未聘请A，也未与其签订合同，未建立服务与被服务的权利义务关系，因此A的诉讼主体资格不符，请求法院驳回其起诉。该案应如何处理？

评析：

本案的特殊性在于看似单纯的物业管理纠纷，其实还包含了民法中的“无因管理”的法律关系。由于A是无合同管理，按照《物业管理条例》的规定，业主“可以不支付”物业服务费也是有法律依据的。因此仅仅按照《物业管理条例》的有关规定判令业主支付服务费，依据不足。但如果同时参照“无因管理”的规定，本案就较容易解决了，即“没有法定的或者约定的义务，为避免他人利益受损失进行管理或者服务的，有权要求受益人偿付由此而支付的必要费用”。

一审法院根据《×市居住物业管理条例》的规定，判决业主支付物业服务费和滞纳金。

业主不服上述判决，提起上诉。根据物业服务合同要求，双方应当签订物业服务合同。《合同法》第十条第二款也明文规定，法律、行政法规规定采用书面形式的，应当采用书面形式。因此 A 的行为属无合同管理。认为由 A、B 约定或同意就可以进行物业管理服务于法无据，对业主也不具有约束力。因此，业主不付物业服务费和滞纳金也于法有据。

二审法院考虑到 A 实际进行了管理，根据等价有偿的原则，同时《物业管理条例》中的“可以不支付”而不是“应当不支付”，又使二审法院能在“可以”二字上找到了依据，最终判令业主支付物业服务费，但对 A 加收滞纳金的请求不予支持。这样的判决，应当说是合理合法的。

一、物业服务合同的概念

物业服务合同是指物业服务企业与业主、业主委员会在平等、自愿基础上依法签订的，以物业服务企业提供物业管理服务、业主支付物业服务费用为内容的，规范业主与物业服务企业权利与义务的协议。

物业服务合同的主体是特定的，一方是业主或者业主选举产生的业主委员会，即委托人，另一方是具有相应资质条件的物业服务企业，即受托人；物业服务合同的客体是物业服务企业提供的综合性服务；物业服务合同的内容是业主与物业服务企业在物业管理活动中双方的权利与义务。

二、物业服务合同的特征

物业服务合同具有一般民事合同的共同特点，如平等性、意思自治、自愿性、等价性等，同时基于物业管理的特殊性，物业服务合同也具有自己的特点。

（一）主体的特定性

物业服务合同的主体一方是业主或者业主选举产生的业主委员会，另一方是具有相应资质条件的物业服务企业。

（二）内容的服务性

物业服务合同以物业服务企业提供物业管理服务、业主支付物业服务费用为内容。业主缴纳服务费用而享有物业管理服务，物业服务企业提供物业管理服务获得相关费用。物业服务企业一旦与业主或者业主委员会签订了物业服务合同，便依照合同和法律独立地开展服务工作。

（三）服务的综合性

综合性源于委托事项是物业管理行为，这里的服务不是某一项，而是很多项，如公共建筑、共用设施设备的维修、保养，小区绿化、环境卫生、治安等事项都包括进来，要求物业服务企业进行综合性的服务，这同时也决定了物业服务企业的综合性、专业性。

三、物业服务合同的主要内容

物业服务合同是确立业主和物业服务企业在物业管理活动中的权利义务的法律依据。在物业管理活动中，合同是否依法订立、合同的内容是否详细、合同是否具有可操作性，对于维护各方在物业管理活动中的合法权益至关重要。《物业管理条例》第三十五条规定："业主委员会应当与业主大会选聘的物业服务企业订立书面的物业服务合同。物业服务合同应当对物业管理事项、服务质量、服务费用、双方的权利义务、专项维修资金的管理与使用、物业管理用房、合同期限、违约责任等内容进行约定。"依据《合同法》《物业管理条例》的相关规定，物业服务合同应当具备以下主要内容：

（1）业主或业主委员会和物业服务企业的名称、住所。

（2）物业管理区域的范围和管理项目。

（3）物业管理事项及要求和标准。物业管理事项是指物业服务企业为业主提供的服务的具体内容，主要包括常规性的公共服务、针对性的专项服务和委托性的特约服务三个方面。其中常规性的公共服务包括以下事项：

1）物业公用部分的维护与管理。主要包括楼盖、屋顶、外墙面、承重结构、楼梯间、走廊通道、门厅等的维护与管理。这是为了保持物业完好、确保物业使用功能而进行的管理与服务工作。

2）物业共用设施设备、市政公用设施及附属建筑物、构筑物的维护与管理。主要包括共用的上下水管道、落水管、烟囱、共用照明、天线、中央空调、暖气干线、供暖锅炉房、高压水泵房、电梯、电视监控系统、有线对讲系统、电视接收系统、避雷、消防等设施设备及道路、化粪池、沟渠、池、井、自行车棚、停车场等市政公用设施和附属建筑物、构筑窃的维护与管理。

3）公共绿化、环境卫生的管理。主要包括对公共绿地、花木等的养护与管理，对路面、楼道、门厅、屋顶、天台等部位的定时清扫，内墙壁的除尘、公共门窗的擦洗、垃圾的运送、灭害虫药等服务。物业保洁服务应根据不同物业的具体情况，在物业服务合同中对保洁内容、要求及收费标准等予以明确。

4）物业管理区域内公共秩序、消防、交通等协助管理事项的服务。这是为维护物业管理区域内正常的工作、生活秩序而进行的协助性管理与服务工作。

5）物业装饰装修管理服务。包括房屋装修的安全、垃圾处理等各项管理工作。

6）专项维修资金的代管服务。这是指物业服务企业接受业主委员会或物业产权人委托，对代管的公用部分和共用设施设备专项维修资金的管理工作。

7）物业档案资料的管理。这是指对物业产权人产籍档案资料、房屋及其附属的各类设施、设备的基本情况和实际变动情况的管理工作。物业档案资料的管理具体包括物业管理区域内各类物业、设施的验收、接管档案，物业分户产权清册、租赁清册，业主、使用人情况表，共用设施设备运行、保养、维修记录，财务等资料的保管。

（4）物业服务的费用。服务费用是业主为获取物业服务企业提供的服务而支付的价款。支付物业服务费用是业主的主要义务。为了合同的顺利履行，当事人需在合同中明确约定物业服务费用的收费项、收费标准、收费办法等内容。

（5）物业服务的期限。物业服务合同的期限条款应当尽量明确、具体。

（6）违约责任。违约责任是指物业服务合同当事人一方或者双方不履行合同或者履行合同不符合约定时，依照法律的规定或者按照当事人的约定应当承担的法律责任。

（7）合同变更、解除、终止的约定。

（8）争议解决方式。

（9）当事人双方约定的其他事项。

四、案例分析

案例 6-1

某住宅小区与某物业服务企业签订了物业服务合同。金先生入住该住宅小区之后，一直没有缴纳物业服务费。当物业服务企业催缴物业服务费时，金先生认为自己买房子自己住、自己管，不需要物业服务企业的管理。金先生拒绝承认物业服务企业与业主委员会签订的物业服务合同，并声明不会跟物业服务企业建立任何物业合同关系。金先生认为有拒绝与物业服务企业建立合同关系的权利，因为合同是平等主体的自然人、法人或者其他组织之间设立、变更、终止民事权利义务关系的协议，当事人依法享有订立合同或不订立合同的权利，任何单位和个人不得非法干预。试问：金先生有权拒绝与物业服务企业建立合同关系吗？

案例分析：依据《物业管理条例》的规定，金先生无权拒绝物业服务企业对小区实施的统一物业管理。金先生入住之前物业服务企业就已被小区业主委员会聘请，金先生入住小区时无权拒绝承认业主委员会与物业服务企业签订的物业服务合同，并且金先生在入住后也与物业服务企业建立了合同关系。

案例 6-2

某住宅小区业主万某骑一辆自行车途经小区大门口的花园小道时，被路面上路桩钢管绊倒，头部受伤，经医院治疗用去医疗费 30 265 元。万某要求负责管理该小区的物业服务企业赔偿未果，遂将该物业服务企业告上法院。被告辩称：万某的受伤与物业服务企业无关。因路面上的路桩是以前建筑施工单位留下的，物业服务企业不负责任。法院经调查证实，该路桩原是按照物业管理规定，为防止大中型汽车进入小区产生噪声污染而设置的，当时高度 1 米多，有红白相间的醒目标志线。后由于各种原因，1 米多的路桩只剩下了十多厘米的路桩根，历时数月无人问津，最终酿成事故。法院判令被告物业服务企业对业主万某承担赔偿责任。物业服务企业是否应对业主万某承担赔偿责任？

案例分析：依照物业服务合同，物业服务企业对小区内公共设施、市政设施等有维护、管理的责任。本案小区道路上的路桩变成十多厘米高的路桩根时，被告物业服务企业应当及时采取有效措施，防止意外事故的发生。但该物业服务企业没有积极履行职责，造成了万某路经该处时自行车被绊倒，导致其头部受伤。万某受伤与被告物业服务企业的不及时履行职责消除隐患有直接的因果关系。因此，物业服务企业应当对万某受伤负有不可推卸的责任。

案例 6-3

2009 年 3 月，某小区一业主在回家时，被潜伏在自家楼下空房内的两名犯罪分子杀害，被劫走人民币 18 000 元。2009 年 8 月 14 日，某市中级人民法院以故意杀人罪和抢劫罪判处两名犯罪分子死刑。2009 年 12 月 14 日，省高级人民法院驳回两名犯罪分子上诉，维持原判。2010 年 4 月被害人家属向物业服务企业提出 70 万元的索赔请求。4 月 16 日该市某区人民法院立案受理。该案应如何处理？

案件分析：物业服务企业的基本义务是保障住宅区物业合理使用、维护住宅区的公共秩序。若把物业服务企业保护业主及非业主使用人的人身、财产安全视为义务，则违背了《××市住宅区物业管理条例》的立法精神，违背了物业服务企业合同的性质、目的、交易习惯，该附随义务的责任远比物业服务企业合同中的主义务的责任还重大，违背了合同的诚信等价原则。物业服务企业依照法律法规和物业服务企业的约定，不具有对小区全体业主及非业主使用人的人身、财产保护的义务和能力，不具有公安、司法机关依职权打击犯罪的基本职能。对犯罪行为造成的危害结果，根据罪责自负的原则，应由犯罪分子承担刑事和民事的法律责任。物业服务企业工作人员的行为并不构成违约。

案件处理：2010 年 5 月 15 日、5 月 31 日该市某区人民法院经两次公开审理，认为物业服务企业存在违约事实，依据《合同法》第一百一十三条第一款的规定，认定被告物业服务企业履行义务不符合约定，应当承担违约责任，向受害者家属赔偿人民币 40 万元。被告物业服务企业不服，向某市中级人民法院提起上诉。二审法院经审理判决：撤销某区人民法院的判决，物业服务企业不承担赔偿责任。

任务二　物业服务合同的订立、变更与解除

案例导学

某小区业主凌先生搬进刚装修好的新房不到一个月，发现其主卧室卫生间的地漏冒水，三间卧室及走廊地面铺装的复合地板大部分被污水浸泡，卧室门和门套的下沿也被浸泡，屋内臭味弥漫。物业服务企业在疏通过程发现，阻塞部位是在该套房屋下部与楼下房屋相连的主下水管线处，阻塞物有水泥等装修垃圾和其他生活垃圾。凌先生认为由于物业服务企业未履行职责造成了自己很大的损失，故要求物业服务企业赔偿，双方几经协商未能达成一致意见，于是凌先生将物业服务企业告上法院，要求物业服务企业对此次事件负责，并要求物业服务企业赔偿更换门、门套、地板及衣柜的损失。该案应该怎么处理？

评析：

被告辩称：在原告进行装修前，物业服务企业与其签订了合同，禁止向下水道排污物，房屋被水浸泡后，也及时派人疏通管道、排放污水并进行了维修。而且浸水原因是水泥及生活垃圾等造成下水道堵塞，因为原告和该层其他几户业主都在装修，所以无法查清堵塞物的来源，据此要求物业服务企业承担责任是没有道理的，故要求法院驳回原告的诉讼请求。法院经审理后认为：原告的房子遭到污水浸泡，阻塞部位在其居住的楼层与下层的主下水管道之间，该部应属公共设施部，维修管理责任在物业服务企业。同时，物业服务企业在装修完毕后，未能及时排除装修的质量隐患，在尚未明确责任的情况下出现纠纷，物业服务企业应当承担相应的违约责任。

一、物业服务合同的订立

（一）物业服务合同订立的含义

物业服务合同的订立，是指合同双方当事人为了订立物业服务合同而进行的反复协商，以求达成双方真实意思表示一致的过程，主要包括要约和承诺两个过程。

1. 要约

要约是希望和他人订立合同的意思表示，该意思表示应当符合下列规定：（1）内容具体确定；（2）表明经受要约人承诺，要约人即受该意思表示约束。发出要约的人为要约人，接受要约的人为受要约人。要约须要约人向相对人做出意思表示，要约没有相对人的一般视为要约邀请，如商业广告、拍卖公告、招标公告、寄送的价目表等。要约邀请是希望要约人向自己发出要约的意思表示，其对要约人不具有约束力。

2. 承诺

承诺是受要约人同意要约的意思表示。承诺的要件包括：（1）承诺由受要约人向要约人做出。承诺人的代理人做出承诺也发生效力。（2）承诺须与要约的内容相一致。如果受要约人在承诺中对要约的内容进行扩张、限制或者变更，便不构成承诺，而是新要约。（3）承诺须于承诺期内或合理期内做出，否则视为新要约。承诺到达要约人时生效。物业服务合同目前有两种订立方式：一种是协商方式；另一种是招标方式。

（二）物业服务合同订立的基本原则

物业服务合同订立的基本原则，是指订立物业服务合同时双方当事人必须遵守的基本行为规范和价值判断准则。一般来讲，物业服务合同的订立应当遵循以下基本原则。

1. 平等原则

所谓平等原则，也称为法律地位平等原则，是指民事主体具有独立、平等的法律人格。其中，平等以独立为前提，独立以平等为归宿。在具体的物业服务合同法律关系中，无论是房地产开发企业与物业服务企业之间订立的前期物业服务合同，还是业主委员会与物业服务企业之间订立的物业服务合同，合同双方当事人的法律地位都是平等的，不允许当事人之间因财产多少、实力强弱而不平等。同时，物业服务合同双方当事人地位上的互不隶属是平等原则的重要体现，他们都应能够独立地表达自己的意志，任何一方当事人都不能将自己的意志强加给另一方当事人，都不能利用自己的优势和经济实力损害另一方当事人的合法权益。当事人各方的合法权益均平等地受到法律的保护。

2. 意思自治原则

所谓意思自治，又称私法自治，是指在私法的范畴内，当事人应自由决定其行为，确定参与市民生活的交往方式，而不受任何非法的干涉。在市场经济条件下，"尽可能地赋予当事人的行为自由是市场经济和意思自治的共同要求"。意思自治原则在物业服务合同的订立上主要体现为合同自由原则。

3. 公平原则

所谓公平原则，是指民事主体应当依据社会公认的公平观念从事民事活动，以维持当事人之间的利益均衡。反映在物业服务合同上，该原则主要体现在：(1) 双方当事人在彼此的权利义务安排上要大体一致，一方当事人依物业服务合同享有一定的权利，同时必须履行一定的义务。(2) 任何一方当事人都不得利用自己的优势地位或者利用对方缺乏经验而订立显失公平的物业服务合同。

4. 诚实信用原则

诚实信用原则是市场伦理道德在民法上的反映，它是指在市场经济活动中，民事主体必须讲信用、守诺言，在不损害他人利益和社会利益的前提下追求自己的利益。反映在物业服务合同上，该原则主要包括以下几个方面的内容：(1) 权利人必须意图诚实、善意、正当地行使合同约定的权利，不得损害他人与社会的利益。(2) 义务人必须积极、全面地履行合同约定的义务。(3) 当事人在行使权利、履行义务时禁止欺诈、胁迫、乘人之危，否则将导致合同无效或被撤销。总之，在物业服务合同订立过程中贯彻诚实信用原则，追求的目标不仅要使物业服务合同当事人之间的利益得到平衡，而且也要使当事人与社会之间的利益得到平衡。

二、物业服务合同的变更

(一) 物业服务合同的转让

一般情况下，物业服务合同中业主、开发商一方转让合同权利义务主要于业主、开发商在进行物业所有权、使用权转让中发生相应的转让。《合同法》规定，债权人转让权利的，应当通知债务人。未经通知，该转让对债务人不发生效力。债务人将合同的义务全部或者部分转移给第三人的，应当经债权人同意。业主在进行物业所有权、使用权转让中发生的物业服务合同权利、义务的相应转让，也应履行通知物业服务合同的另一方当事人物业服务企业的义务。《合同法》规定，债务人转移债务必须经债权人同意的目的是保护债权人的利益，如上所述法律通过设定物业服务合同对第三人的效力来实现这一目的显然更为有力和便捷。《物业管理条例》规定，业主、开发商将合同权利义务全部或部分转让给第三人后，并不能退出合同关系，而是与第三人形成连带关系，此规定使得物业服务企业的权益获得法律上的保障。因此物业服务合同的转让完全无必要经债权人同意，而只要通知物业服务企业即可。

物业服务合同的另一方主体，即物业服务企业能否转让物业管理义务呢？《物业管理条例》第三十九条规定："物业服务企业可以将物业管理区域内的专项服务业务委托给专业性服务企业，但不得将该区域内的全部物业管理一并委托给他人。”可见，物业服务企业不得将物业服务合同的整体利益和整体责任转让给其他企业法人、个人或经济组织，可就部分专项业务委托给第三人，至于物业服务企业将物业管理区域内的专项服务业务委托给专业性服务企业是否需征得业主一方当事人的许可，法律未有明确规定。但物业服务企业由于不得将物业区域内的全部物业管理一并委托给他人，意味着物业服务企业并不脱离合同关系，且第三人对合同关系的加入也是有利于债权人的，因而原则上也不需取得业主一方同意，只需通知业主一方即可。而在物业管理实践过程中，物业管理的特性决定了基本不会存在第三人不知道物业服务企业与业主关系的情况，所以当物业服务企业因第三人的原因未履行合同义务时，应许可业主一方行使物业服务企业对第三人的权利。换言之，当物业服务企业将物业区域内的某项专业性业务委托给某专业性企业时，该专业性企业对物业服务企业负责的同时也应当直接向业主负责。

（二）物业服务合同内容的变更

物业服务合同是合同当事人双方协商一致而成立的，因此，通过协商一致的方法可以变更物业服务合同内容自不待言。需要强调的是这个协商一致是订立物业服务合同的当事人的协商，而不是任何单个业主都可以直接参加协商的。业主要参与物业服务合同变更的协商，前提条件是必须要通过业主大会形成代表大多数业主意志的业主大会决议，然后在业主大会决议的基础上由业主委员会这个代表机构与物业服务企业进行协商，所以物业服务合同内容的变更并非是单个业主与物业服务企业进行协商的。在实践中，物业服务合同是实行登记或备案制度的，所以，在进行物业服务合同变更中，也必须严格按照物业服务合同成立生效的手续履行相应的登记或备案制度的手续，只有在履行了规定的相关手续之后，物业服务合同的变更也才能生效。

三、物业服务合同的解除

（一）物业服务合同解除的条件

合同的解除是指合同有效成立后，当具备合同解除条件时，因当事人一方或双方的意思表示而使合同关系自始消灭的一种行为。而物业服务合同的解除，是指物业服务合同的当事人在具有法律效力的合同未全部履行之前，终止该合同的效力。依据《合同法》总则的规定，合同的解除可有约定解除和法定解除两种情形。约定解除物业服务合同有两种情况：一是在物业服务合同中有解除权条款约定的，当解除物业服务合同的条件成熟时，解除权人就可以解除物业服务合同；二是在物业服务合同中虽没有约定解除条款，但在物业服务合同履行过程中经合同当事人协商一致，也可以解除物业服合同。法定解除通常是指在不可抗力、对方预期违约不履行主要合同义务、迟延履行主要合同义务、根本违约不能实现合同目的等情形下，当事人可以解除合同。《合同法》总则关于合同一般法定解除的规定同样适用于物业服务合同。实践中还存在以下两个特别的问题值得探讨：

一是前期物业服务合同的解除。前期物业服务合同是开发商与物业服务企业订立的，一般附有期限，但往往合同期限未到，开发商已将物业全部或部分售出，与小区的物业管理不再有直接利益关系，此时赋予与小区物业管理有直接利益关系的业主解除前期物业服务合同的权利比较合理。所以，《物业管理条例》第二十六条规定："前期物业服务合同可以约定期限；但是，期限未满、业主委员会与物业服务企业签订的物业服务合同生效的，前期物业服务合同终止。"可见，业主委员会是可以通过缔结新的物业服务合同来解除前期物业服务合同的，应将此视为前期物业服务合同的一种法定解除情形。

二是普通物业服务合同的解除中，当事人任一方是否享有任意解除权？有观点认为：基于物业服务合同属于委托合同，当事人一方可以任意解除合同，解除权的行使以一方向他方做出意思表示为标志。还有一种观点认为：物业管理人不得任意解除合同，但委托人可以随时解除合同。对于第一种观点，根据以上分析，物业服务合同并非单纯委托性质的合同，所以不能借此认为物业服务合同双方当事人能随时解除合同。第二种观点同样值得商榷。作为一种新类型民事合同，体现双方当事人的自由意志的结合，不可仅有一方之行为而对该合同进行变更。

（二）合同解除的法律后果

1. 物业服务合同的解除的溯及力

物业服务合同是一种继续性合同。所谓继续性合同是指履行必须在一定继续的时间完成，而不是一时或一次完成的合同。继续性合同的解除原则上无溯及力。对于继续性合同而言，在基于合同而产生的债务关系存续中，须由债务人继续履行债务，才能实现债之本旨，而债务人继续履行债务的形态，或为实施继续性行为，或为反复为个别给付行为。当提前消灭继续性合同的效力时，若使其具有溯及力，则使已履行部分归于无效。这显然是不符合实际的。依据物业服务合同，物业服务企业已经为业主提供了物业公用部分、共用设备设施的使用管理、维修和更新、保洁、保安等服务，这些服务是不能恢复原状的。承认合同解除具有溯及力则使当事人须返还所得利益，因难以操作，而增加法律适用的成本。因此，物业服务合同的解除原则上不应有溯及力，其解除只使物业服务合同的效力向将来消灭。

2. 物业服务合同解除的后合同义务

民法规定，合同关系消灭后，当事人依诚实信用原则应负有某种义务，以维护给付效果或协助对方处理合同终了善后事务，此即后合同义务。由于物业服务合同的解除大部分情形是物业服务企业的更换，物业管理区域内物业管理服务将由新的物业服务企业来提供，所以合同解除后，原物业服务企业应当负有一定的后合同义务，以保证物业管理的继续和顺畅衔接。

四、案例分析

案例 6－4

某年 6 月 7 日，南城嘉园小区业主委员会与业主大会选定的佳和物业服务企业（以下简称佳和）签订了《物业管理委托合同》。次年 4 月 9 日佳和把该小区的物业管理权转让给了力都物业服务企业（以下简称力都），由力都享受和承担南城嘉园小区与佳和公司签订的《物业管理委托合同》的全部权利和义务。

次年4月11日，力都与南城嘉园小区业主委员会共同发布公告，称南城嘉园小区业主委员会认可了佳和与力都之间签订的转让协议书，双方已就聘用力都公司负责该小区物业管理一事达成一致意见并签订了《物业管理委托合同》。

从次年10月开始，小区大部分业主因不满力都的服务态度和服务质量，不承认力都的物业管理服务者地位，并拒绝缴纳物业管理费。这种情况一直持续到第三年，力都以部分业主不缴纳物业管理费为由撤离该小区。

第三年，力都将欠缴物业管理费用的业主起诉到法院，请求法院判令这部分业主补缴拖欠的物业管理费和滞纳金。

被起诉后，有欠费业主提出这样的疑问："力都有权利告我们吗？我们还用补缴拖欠的物业管理费和滞纳金吗？"请对此进行分析。

案例分析：第一，物业服务企业将欠缴物业管理费的业主起诉到法院是合法的。

第二，佳和将小区的物业管理权转让给力都，并由力都享受和承担原佳和与南城嘉园小区业主委员会签订的《物业管理委托合同》的全部权利和义务，是违法的。《物业管理条例》第三十九条明确规定："物业服务企业可以将物业管理区域内的专项服务业务委托给专业性服务企业，但不得将该区域内的全部物业管理一并委托给他人。"《物业管理条例》第六十条规定："违反本条例的规定，物业服务企业将一个物业管理区域内的全部物业管理一并委托给他人的，由县级以上地方人民政府房地产行政主管部门责令限期改正，处委托合同价款30%以上50%以下的罚款；情节严重的，由颁发资质证书的部门吊销资质证书。委托所得收益，用于物业管理区域内物业共用部位、共用设施设备的维修、养护，剩余部分按照业主大会的决定使用；给业主造成损失的，依法承担赔偿责任。"因此，佳和也会因非法转让行为而受到行政处罚、退还所得收益或承担民事赔偿责任。

第三，《物业管理条例》第十一条规定，选聘和解聘物业服务企业由业主共同决定（即只要经专有部分占建筑物总面积过半数的业主且占总人数过半数的业主同意即可）。同时，第三十四条规定，业主委员会应当与业主大会选聘的物业服务企业订立书面的物业服务合同。由此来看，选聘或解聘物业服务企业只能由全体业主决定，业主委员会并无此项权力。

从法律意义上来讲，力都与南城嘉园小区业主委员会签订的《物业管理委托合同》是无效的。因为我国《合同法》第五十二条规定，违反法律、行政法规的强制性规定的合同无效。选聘或解聘物业服务企业是《物业管理条例》明确授予全体业主的权利，也即业主大会的权利（此为强制性规定），南城嘉园小区业主委员会违反此规定与力都签订《物业管理委托合同》，从而导致合同无效，而且是"自始无效"。

第四，力都能否得到部分欠费业主补缴的物业管理费用和滞纳金呢？南城嘉园小区业主委员会与力都签订的《物业管理委托合同》无效，力都有权就自己付出的管理成本要求业主补偿，同时退还给业主已缴费用中的收益（利润）。拒缴物业管理费用的业主应将力都付出的管理成本予以补缴，不存在补缴滞纳金的问题。

任务三　物业服务合同法律实务

一、案例分析

案例 6-5

2012 年 5 月 29 日，杨某（甲方）与某物业服务企业（乙方）签订了一份《物业管理服务合同》。合同约定：甲方将居住小区的公共物业管理事务委托给乙方，期限为 50 年，每月收取公共物业服务费 25 元；小区内机动车及非机动车一律进库或在规定的地点停放，摩托车每辆每月交停车费 15 元。免责条款规定：第三人造成甲方人身、财产损害的，乙方不承担责任。2012 年 8 月，杨某购买摩托车一辆，价款 3 280 元。2013 年 1 月 7 日晚，杨某将摩托车停放在其居住的小区楼下的楼梯间被盗。杨某认为摩托车被盗与该物业服务企业未尽到安全管理义务有关，该物业服务企业应承担赔偿责任。双方就赔偿事宜协商无果，杨某遂于 2013 年 3 月 1 日诉至法院，要求某物业服务企业赔偿损失 3 280 元。该案例应如何处理？

案件分析：该物业服务合同是业主与物业服务企业之间签订的，由一方提供服务、另一方支付报酬，是一种典型的双务、有偿合同。杨某与某物业服务企业之间合同性质应该是委托合同，而不是保管合同。理由是，保管人的义务是妥善保管寄存人交付的保管物，并返还该物。保管人履行保管义务应当是在自己能自由支配的地方，如超市、长途汽车站、火车站的行李寄存处，保管人保管他人交付的物品，是在其控制的特定区域，在该区域他人是不能随意活动的。业主将摩托车停放在小区中自己的车位或车库，一是不需要将摩托车交给物业服务企业，二是将摩托车开出也不需要经过物业服务企业的同意。车位或车库完全是业主自由支配的领域。这一点与保管合同关系的根本法律特征完全不符。所以，物业服务企业与业主之间的物业服务合同的性质不能认为是保管合同，尤其是在小区内停放车辆，对于物业服务企业来说不能用保管合同关系来要求其承担保管责任。从另外一个角度讲，对车辆的保安义务并不是独立于整个物业管理服务事项之外的，业主一般也将其认为是物业服务企业的服务事项之一，并不认为与物业服务企业还有一个车辆或其他财物保管合同。

案件处理：法院审理认为，原、被告双方签订的《物业管理服务合同》是双方的真实意思表示，是有效合同。合同中约定，某物业服务企业承担的是公共物业管理义务，在安全上只对物业管理区域内的公共秩序和公共安全提供防范服务。从庭审查明的事实来看，某物业服务企业在管理的小区内设立了 24 小时门卫，并在主要道路上安装了电子监控录像，其对小区物业管理区域内的公共秩序和公共安全提供了必要的防范服务，且双方签订合同约定了免责条款，即某物业服务企业对杨某摩托车被盗不存在故意或重大过失，该免责条款有效。原告杨某不能提供有效的证据证明被告某物业服务企业未履行公共安全防范义务，其要求该物业服务企业承担摩托车被盗损失的诉讼请求不能成立。法院作出判决：

驳回原告杨某的诉讼请求。

案例 6-6

2011 年某小区由 A 物业服务企业提供管理和服务，小区业主委员会成立之后，与 A 物业服务企业签订了物业管理合同。一年后，业主委员会出具评审报告，对 A 物业服务企业一年来的工作给予了肯定性评价。但小区部分业主认为，业主委员会并不能真正代表他们的利益。经过表决之后，选举出新一届业主委员会，新一届业主委员会决定与 A 物业服务企业提前解除合同，通过招标更换物业服务企业。2012 年 1 月，经部分业主多次要求，政府有关部门同意该小区举行物业管理招标，经由评标委员会评定，B 物业服务企业中标。双方签订了物业管理合同，合同开始履行的时间为 2012 年 8 月 1 日。在 B 物业服务企业进驻该小区时，A 物业服务企业不同意撤出，双方对峙了数小时。最后，在小区业主委员会的请求和数百名业主的聚众压力下，当地政府和公安机关出面，安排 B 物业服务企业进入小区，A 物业服务企业人员同时撤离。该案应如何处理?

案件分析：A 物业服务企业以业主委员会无权提前解除合同为由向仲裁委员会申请仲裁，要求继续履行合同并赔偿损失。某仲裁委员会对该案作出终局裁决。仲裁认为，前届业主委员会的权利义务应该由新一届业主委员会承担。小区业主委员会已经对 A 物业服务企业 2011 年度的工作作出了肯定性评价，说明 A 物业服务企业工作已符合业主委员会要求。另外，物业管理合同虽然具有近似委托性质，但并不等同于委托合同，作为业主委员会，不能以委托名义单方随时解除合同。因此裁决：A 物业服务企业和小区业主委员会自 2012 年 1 月起继续履行双方签订的物业管理合同，业主委员会及全体业主支付 A 物业服务企业物业管理酬金损失。

案例 6-7

2012 年 11 月，宋某等 5 名业主起诉其所在小区的业主委员会、某物业服务企业，请求法院判决确认业主委员会与物业服务企业之间签订的物业服务合同无效。原告诉称，2010 年 5 月，业主委员会与物业服务企业签订了临时托管协议及补充说明，约定业主委员会委托物业服务企业对小区进行临时托管，物业服务企业按照业主委员会提供的有关财物收费标准进行相关费用的收取，2010 年 8 月 1 日前物业管理费按 10 元/平方米收取，2010 年 8 月 1 日之后按 8 元/平方米收取。物业服务企业根据该托管协议进入小区进行物业管理，并向业主收取物业管理费用至今。依据《物业管理条例》第十一条的规定，选聘和解聘物业服务企业由业主共同做出决定。该条例第十二条规定，业主大会会议可以采用集体讨论的形式，也可以采用书面征求意见的形式。但是，应当有物业管理区域内专有部分占建筑物总面积过半数的业主且占总人数过半数的业主参加。依据《物权法》第七十六条的规定，选聘和解聘物业服务企业或者其他管理人由业主共同决定。业主委员会与物业公司在签订合同之前，并未在小区内召开过选聘物业服务企业为议题的业主大会，因此业主委员会与物业服务企业签署的带有物业服务合同性质的临时托管协议及补充说明是违法的。被告（小区的业主委员会、某物业服务企业）辩称，由于当时情况特殊，业主委员会才与物业服务企业签订临时托管协议，并且在两年的服务时间里，业主也没有提出过异议，接受了物业服务企业提供的服务。所以，物业服务企业进行了事实服务，业主接受这种服务是在事实上承认了业主委员会与物业服务企业签订的物业服务合同，视同对合同效力进行了追认。所以业主委员会与物业服务企业签订的合同应该是有效的。该案应如何处理？

案例分析：本案为业主因业主大会和业主委员会在有关公共事务管理上的决定权限的争议引发的诉讼。小区业主之间因对房屋的区分共有关系而紧密结合在一起，他们不仅要对自己建筑物的专有部分进行管理，也要对共有部分进行管理，同时还要处理有关设施、设备的维护，物业服务等事项。在建筑物管理过程中的一些问题需要业主通过意思自治的方式协商决定，业主之间的自治团体就是业主大会以及作为其常设机构的业主委员会。业主在业主大会和业主委员会等自治机构中，享有一种作为建筑物区分共有团体的成员所专享的集体决定有关事务的权利，此种权利被称为业主的成员职权。《物权法》第七十六条对业主的成员职权的范围和行使的程序等做了原则性规定，与《物业管理条例》的相关条款构成了业主成员职权的法律体系。其中，决定选聘和解聘物业服务企业和其他管理人的权利，属于业主的成员职权范围。业主委员会是业主大会的执行机构，其只能按照业主大会的授权行为，所以业主委员会只能根据业主大会的决定与物业服务企业签订物业服务合同，而不得自行选聘或解聘物业服务企业。在没有业主大会授权的情况下，业主委员会与物业服务企业签订的物业服务合同当然无效。正是为了维护业主的成员职权，法律对选聘物业服务企业的事务决定规定了严格的程序，即《物业管理条例》第十一条的规定，选聘和解聘物业服务企业由业主共同做出决定。该条例第十二条规定，业主大会会议可以采用集体讨论的形式，也可以采用书面征求意见的形式。但是，应当有物业管理区域内专有部分占建筑物总面积过半数的业主且占总人数过半数的业主参加。业主委员会违背行政法规的强制性规定所签订的合同自然是无效的。关于被告辩称的“事实服务”是否成立业主对合同效力的追认问题，笔者认为，法律的强制性程序规定未得履行，只有通过补正该程序方能奏效，业主并不能对该程序进行处置或者变通。这实质上是为了保障广大业主的成员职权利益。在现阶段业主的成员职权意识不强，自治意思和能力有限的情况下，这样的程序性规定更具有普遍的正面意义。本案中的合同被确认无效后，基于无效合同双方取得的利益自然得彼此归还。在物业服务企业提供的无形服务已经履行而在事实不可能归还的情况下，应由业主基于不当得利以货币形式予以偿还。

案件处理：法院审理认为，业主委员会与物业服务企业之间签订的协议是选聘物业服务企业的合同，二被告未经法定程序签订物业服务合同的行为违反了行政法规的强制性规定。如果说当时情况特殊，签订了临时性合同，或者是因情况特殊进行了“事实服务”。那么，在后来的两年时间里，被告完全可以通过合法的程序使物业服务合同得到业主的追认。二被告也未经过合法程序签订物业服务合同。因此，事实服务并不能成为该合同违反行政法规强制性规定的抗辩理由。综上，二被告之间签订的物业服务合同应该认定为无效合同。

二、案例实操

案例 6-8

2010 年陈小姐准备入住新居时，发现住房报警系统无法使用，门窗也无法正常关闭，9

月 26 日，她向小区物业服务企业提出了投诉。物业服务企业接到投诉后即派员对其门窗和报警系统进行检查、试验，确定维修事宜。经物业服务企业联系，门窗制造厂商上门维修。两个月后，陈小姐的委托代理人会同物业服务企业及门窗制造厂商共同签署了一份备忘录，确认报修的门窗已修复。6 天后，室内报警系统经维修后也交陈小姐正常使用。

2011 年 9 月，陈小姐将小区物业服务企业告上法庭。她在诉状中称自己的新居早在 2010 年 5 月就已装修完毕，但由于报警系统、门窗故障，加之物业管理混乱，无法提供正常维修服务，致使自己推迟了半年才搬入新居，要求物业服务企业赔偿损失 4.2 万元。试问：陈小姐的要求能否得到法律支持?

案件提示：物业服务企业要想胜诉，就要证明陈小姐陈述事实不实，而此时最重要的就是那些处理业主投诉及维修记录的书面材料。由此，我们就可以看到物业档案资料管理规范的重要性。

案件处理：

____

____

____

案例 6-9

某房地开发公司开发了一个住宅小区，该公司与深圳某物业服务企业签订了一份合同，合同约定：物业服务企业在小区售楼期间为小区提供前期物业管理服务，前期物业管理费为 13 万元，期限至小区正式入伙之日止。同时，双方还约定在小区正式入伙前，开发商必须与该物业服务企业签订正式物业服务合同，否则开发商应承担违约金 25 万元。在小区正式入伙之前，开发商认为物业服务企业的条件过于苛刻，双方无法达成一致协议，便与另一家物业服务企业签订物业服务合同，原物业服务企业为此向开发商索赔违约金 25 万元。开发商应赔偿这 25 万元吗?

案件提示：本案涉及前期物业服务合同问题。前期物业服务合同是指在业主大会选聘物业服务企业之前，由建设单位和其选聘的物业服务企业签订的，维护物业管理区域公共秩序的服务协议。

案件处理：

____

____

____

项目小结

物业服务合同是指物业服务企业与业主、业主委员会在平等、自愿基础上依法签订的，以物业服务企业提供物业管理服务、业主支付物业服务费用为内容的，规范业主与物业服务企业权利与义务的协议。物业服务合同的特征包括：主体的特定性、内容的服务性、服务的综合性。物业服务合同的订立，是指合同双方当事人为了订立物业服务合同而进行的反复协商，以求达成双方真实意思表示一致的过程，主要包括要约和承诺两个过程。物业服务合同的变更包括转让和内容变更两个方面内容。合同的解除是指合同有效成立后，当具备合同解除条件时，因当事人一方或双方的意思表示而使合同关系自始消灭的一种行为。

职业实训练习

- **实训目的**

（1）了解物业服务合同的内容；

（2）掌握物业服务合同的格式。

- **实训内容**

拟订一份物业服务合同。

- **实训要求**

（1）分 3～5 个小组；

（2）联系一个物业服务企业；

（3）制作一份物业服务合同。

项目七

物业收费法律制度

学习目标

知识目标：了解物业收费的原则和收费项目，熟悉并掌握物业收费法律规定。

能力目标：会办理物业收费，能运用所掌握的法律知识解决物业收费中的纠纷。

任务一　物业服务收费概述

案例导学

某物业服务企业从来不向业主公布收支账目，业主戴某对于物业服务企业的此举不满，于是提议要求代表业主查物业服务企业的账目，或者由业主委员会主聘请会计师事务所对物业服务企业的收支情况进行审计。请分析戴某的想法是否可以得到法律的支持。

评析：

戴某的想法可以得到法律的支持。物业服务企业应当按照《物业管理条例》等有关法规，向业主大会或者全体业主公布物业服务资金年度预决算，并每年不少于一次公布物业服务资金的收支情况。业主或者业主大会对公布的物业服务资金年度预决算和物业服务资金的收支情况提出质询时，物业服务企业应当及时答复。物业服务收费采取酬金制方式，物业服务企业或者业主大会可以按照物业服务合同约定聘请专业机构对物业服务资金年度预决算和物业服务资金的收支情况进行审计。物业服务企业在物业服务中应当遵守国家的价格法律法规，严格履行物业服务合同，为业主提供质价相符的服务。

一、物业服务收费的概念与特征

（一）物业服务收费的概念

根据《物业服务收费管理办法》第二条的规定，物业服务收费是指物业服务企业按照物业服务合同的约定，对房屋及配套的设施设备和相关场地进行维修、养护、管理和维护相关区域内的环境卫生和秩序，向业主所收取的费用。物业服务费用作为物业服务企业提供管理服务向业主收取的报酬，是物业服务企业开展正常业务、提供物业管理服务的保障。它既是物业服务企业的重要权利之一，也是业主的主要义务之一。

（二）物业服务收费的特征

1. 物业服务收费主体是物业服务企业

物业服务收费主体是物业服务企业，而非房地产开发商。房地产开发商和物业服务企业完全是独立的两个法人，不是同一法人单位。房地产开发商无权行使属于物业服务企业的权利，没有权利替物业服务企业收取、免除物业服务费用。所以实践中，开发商“买房送物业服务费用”的促销手段是错误的，除非开发商与物业服务企业有约定，由开发商替业主交物业服务费用。

2. 物业服务交费主体是业主

物业服务费用由物业服务企业按照物业服务合同的约定向业主收取。业主与非业主使用人约定由非业主使用人交纳物业服务费用的，从其约定，但业主负连带责任。物业服务费用可以预收，预收期限一般不得超过 1 年。物业服务企业已经向业主或非业主使用人收取物业服务费用的，其他任何单位和个人不得重复收取性质相同的费用。

3. 政府对物业服务收费实行监管

国家规定各级政府主管部门负责管理物业服务收费事项，如国务院价格主管部门会同国务院建设行政主管部门负责全国物业服务收费的监督管理工作，县级以上地方人民政府价格主管部门会同同级房地产行政主管部门负责本行政区域内物业服务收费的监督管理工作。国家制定物业管理规范管理物业服务收费行为，保障业主和物业服务企业的合法权益，国家提倡业主通过公开、公平、公正的市场竞争机制选择物业服务企业，鼓励物业服务企业开展正当的价格竞争，禁止价格欺诈，促进物业服务收费通过市场竞争形成，规定物业服务收费应当遵循合理、公开以及费用与服务水平相适应的原则。

二、物业服务收费的原则

《物业管理条例》第四十条规定：“物业服务收费应当遵循合理、公开以及费用与服务水平相适应的原则，区别不同物业的性质和特点，由业主和物业服务企业按照国务院价格主管部门会同国务院建设行政部门制定的物业服务收费办法，在物业服务合同中约定。”

（一）合理原则

所谓合理原则就是物业服务收费的确定与收取应该符合国家的法律、法规，符合物业管理的规律，符合实际需要。因此，物业服务收费应当制定合理的标准，实行合理收费，优质优价，以物业服务企业服务质量的高低，确定不同的收费标准。物业服务企业要根据物业服务费用的构成，认真核定物业服务成本，再加上物业服务企业的合同利润，综合确定收费标准。政府物业管理部门和物价管理部门既要扶持并支持物业服务企业的正当收费，又要坚决制止乱收费、重复收费、变相收费的不合理行为。

（二）公开原则

所谓公开原则就是物业服务企业向业主和非业主使用人提供服务，应该按照规定实行明码标价，注明服务项目和收费标准。实际上，物业服务企业与业主之间的关系是一种平等的民事法律关系，确定物业服务收费时，物业服务企业要公开收费项目、收取对象、服务内容、计费方式、服务标准、举报电话等，业主、业主委员会有权对收费情况进行询问、了解、检查和监督。

（三）服务费用与服务水平相适应的原则

由于全国各地或者同一地区的不同家庭收入水平差距较大，使得业主对物业服务企业提供的服务要求不同，对收费的要求也不尽相同。高收入者，往往希望得到较好的服务，并不在意费用支出多少；低收入者，则不奢求过多的服务，也承担不起较高的服务费用。因此，应当根据业主的经济承受能力，确定不同的服务方式和收费标准，坚持服务费用和服务水平相适应的原则。

任务二　物业服务收费法律规定

案例导学

余女士系某商场某商铺的业主，2011 年 2 月将该商铺转手。同年 7 月，她突然收到法院的一纸传票，原商铺的物业服务企业要求她继续支付物业管理费。余女士没想到自家商铺都转手好几个月了，自己还得为新业主支付物业管理费。该案例说明了什么？

评析：

业主转让物业应注意相关手续的办理，尤其应注意入住时与物业服务企业签订的公约合同等中的相关条款。

一、物业服务收费的定价与收取

（一）物业服务价格的确定方法

《物业服务收费管理办法》第六条规定：“物业服务收费应当区分不同物业和性质和特点分别实行政府指导价和市场调节价。具体定价形式由省、自治区、直辖市人民政府价格主管部门会同房地产行政主管部门确定。”物业服务价格分为政府指导价和市场调节价两种。

1. 政府指导价

根据《物业管理条例》第四十二条的规定，县级以上人民政府价格主管部门，应当加强对物业收费的监督。专业化的物业管理是一种市场行为，是物业服务企业受业主聘请提供的一种服务商品，按照市场经济的要求，商品的价格应主要受供求关系的影响，由供求双方协商确定。根据《价格法》第十八条的规定，下列商品和服务价格，政府在必要时可以实行政府指导价或者政府定价：(1) 与国民经济发展和人民生活关系重大的极少数商品价格；(2) 资源稀缺的少数商品价格；(3) 自然垄断经营的商品价格；(4) 重要的公用事业价格；(5) 重要的公益性服务价格。

物业管理服务具有一定的公益性，特别是在我国广大老百姓生活水平还不够高，物业管理市场还不够完善的情况下，政府应当对其进行适当的价格指导，即有定价权限的人民政府价格主管部门应当会同房地产行政主管部门根据物业管理服务等级标准等因素，制定相应的基准价格及其浮动幅度，并定期公布。具体收费标准由业主与物业服务企业根据规定的基准价格和浮动幅度在物业服务合同中约定。

物价部门和房地产主管部门在确定指导价格时，应当充分听取物业服务企业、业主委员会以及业主和物业使用人的意见，既要有利于物业管理服务的价值补偿，也要考虑业主的经济承受能力，以物业管理服务发生的费用为基础，结合物业管理服务内容、服务质量、服务深度确定。物价部门对确定的指导价格，应当根据物价等因素的变化适时进行调整，并及时公布。

2. 市场调节价

随着人们生活水平的提高以及物业管理市场的完善，物业管理服务的价格由供求双方，即业主和物业服务企业进行协商确定将成为主要定价方法。

《物业服务收费管理办法》第七条第二款规定："实行市场调节价的物业服务收费，由业主与物业管理企业在物业服务合同中约定。"

（二）物业服务费用的收取方式

《物业服务收费管理办法》第九条第一款规定："业主与物业管理企业可以采取包干制或者酬金制等形式约定物业服务费用。"物业服务费用的收取方式分为包干制和酬金制。

1. 包干制

包干制是指业主向物业服务企业支付固定物业服务费用，盈余或者亏损均由物业服务企业享有或者承担的物业服务计费方式。目前我国物业管理收费普遍采取此种收费方式。

2. 酬金制

酬金制是指在预收的物业服务资金中按约定比例或者约定数额提取酬金支付给物业服务企业，其余全部用于物业服务合同约定的支出，结余或者不足均由业主享有或者承担的物业服务计费方式。在"酬金制"方式下，物业服务企业只能得到应该获得的酬金，其他物业服务支出费用的所有权属于业主，而不属于物业服务企业，这有利于保障物业服务费用能够全部用于物业管理，让业主明明白白消费。这种收费方式目前还不普遍。

二、物业服务收费的范围与标准

(1) 物业的办公费、保洁费，住宅房屋由物业服务企业按建筑面积以每月每平方米或每套为单位向业主或物业使用人收取；非住宅房屋由物业服务企业按建筑面积以每月每平方米为单位向业主或物业使用人收取。对服务费标准的调整，双方可以规定一个幅度。

(2) 空置房屋的收费，由物业服务企业按建筑面积以每平方米为单位收取。

(3) 业主和物业使用人拒不缴纳物业服务费用的，合同双方可以约定选择按以下方式处理：其一，从逾期之日起按每天交纳合同约定数额滞纳金；其二，从逾期之日起按每天应交服务费的万分之几缴纳滞纳金；其三，其他方式。

(4) 车位和使用服务费由物业服务企业区分露天车位和车库，按合同约定标准向车位使用人收取。

(5) 物业服务企业对业主和物业使用人的房屋自用部位、自用设备、毗邻部位的维修、养护及其他特约服务，由当事人按当时发生的费用计付，收费标准可以与业主委员会在合同中约定，也可以由物业服务企业制定标准，经业主委员会同意后实施。

(6) 双方还可以约定其他物业服务企业向业主和物业使用人提供的服务项目和收费标准：其一，高层楼房电梯运行费按实结算，由物业服务企业向业主或物业使用人收取；其二，房屋的公用部分、共用设施设备和附属建筑物、构筑物、共用绿地的小修与养护费用、大中修费用、更新费用。

(7) 物业服务合同以外的项目。物业服务合同约定的主要内容是带有普遍性要求的内容，如公共部分、共用设施设备的管理、公共环境卫生、保安服务等。这些内容只能反映人们的基本和普遍性要求，由于业主对物业管理服务的要求不同，可能会有物业服务合同以外的服务要求，这就要求物业服务企业根据物业的特殊情况和业主的需求，提供物业管理的特色服务。由于特色服务只涉及部分业主或者一定范围内的业主的权利和义务，《物业管理条例》第四十三条规定：“物业管理公司可以根据业主的委托提供物业服务合同约定以外的服务项目，服务报酬由双方约定。”本条规定由物业服务企业和业主双方进行约定，符合市场经济的客观要求。当然，物业服务企业在提供特色服务的时候，不得超越物业服务企业资质规定的范围，更不得提供违法服务。

三、物业服务收费对象

《物业管理条例》第四十一条规定：“业主应当根据物业服务合同的约定交纳物业服务费用。业主与物业使用人约定由物业使用人交纳物业服务费用的，从其约定，业主负连带交纳责任。已竣工但尚未出售或者尚未交给物业买受人的物业，物业服务费用由建设单位交纳。”

业主作为物业服务合同的当事人，享受了物业服务企业提供的管理服务，就应当根据物业服务合同向物业服务企业交纳物业服务费用。

有时业主与物业使用人并不一致，此时向谁收费往往会形成纠纷。一般应以向业主收取为原则，在业主与物业使用人约定由物业使用人交纳时，从其约定，但业主应负连带责任。

四、物业服务收费的法律规定

(一) 对物业服务企业的规定

按照《物业服务收费管理办法》的相关规定，预收的物业服务支出属于代管性质，其用于物业服务合同约定以外的支出实行物业服务费用酬金制的，为所交纳的业主所有，物业服务企业不得将其用于物业服务合同约定以外的支出。物业服务企业应当向业主大会或者全体业主公布物业服务资金年度预决算并每年不少于一次公布物业服务资金的收支情况。业主或者业主大会对公布的物业服务资金年度预决算和物业服务资金的收支情况提出质询时，物业服务企业应当及时答复。

物业服务收费采取酬金制方式，物业服务企业或者业主大会可以按照物业服务合同约定聘请专业机构对物业服务资金年度预决算和物业服务资金的收支情况进行审计。

（二）对业主交费责任的规定

业主应当按照物业服务合同的约定按时足额交纳物业服务费用或者物业服务资金。业主违反物业服务合同约定逾期不交纳服务费用或者物业服务资金的，业主委员会应当督促其限期交纳，逾期仍不交纳的，物业服务企业可以依法追缴。业主与物业使用人约定由物业使用人交纳物业服务费用或者物业服务资金的，从其约定，业主负连带交纳责任。物业发生产权转移时，业主或者物业使用人应当结清物业服务费用或者物业服务资金。

（三）对于空置房收费的规定

实践中，由于开发商与物业服务企业之间有千丝万缕的联系，两者通常约定，对于开发商尚未售出的空置物业，不交纳或者少交纳物业服务费用，则小区的物业服务费用只能由已经入住的业主全部承担，其利益受到损害。小区的物业服务费主要是公共性服务收费，包括公共设施、设备的日常运行、维修及保养费，绿化管理费，清洁卫生费，保安费，办公费等。从这些费用的构成来看，物业服务费不会因为物业是否空置而有太大的变动。并且，对于业主来说，物业服务费用都是入伙预收的，即物业费在交房时开始支付，而无论是否实际入住，即使交房后空置，也要交纳相应的费用。所以，开发商为空置物业支付与业主相平等的物业服务费用，才是公平的做法。《物业管理条例》第四十一条第二款规定："已竣工但尚未出售或者尚未交给物业买受人的物业，物业服务费用由建设单位交纳。"从而解决了开发商空置物业服务费用的交纳问题，保障了业主的权益。

（四）对于公共服务单位收费的规定

物业管理区域内，供水、供电、供气、供热、通信、有线电视等单位应当向最终用户收取有关费用。物业服务企业接受委托代收上述费用的，可向委托单位收取手续费，不得向业主收取手续费等额外费用。

（五）对于业主拥有产权的物业公共部分或公共设施经营所产生收入的规定

利用物业公用部分、共用设施设备进行经营的，应当在征得相关业主、业主大会、物业服务企业的同意后，按照规定办理有关手续。业主所得收益应当主要用于补充专项维修资金，也可以按照业主大会的决定使用。

（六）对于物业管理中的其他收费规定

物业服务企业已接受委托实施物业服务并相应收取服务费用的，其他部门和单位不得重复收取性质和内容相同的费用。物业服务企业根据业主的委托提供物业服务合同约定以外的服务，服务收费由双方约定。

五、案例分析

案例 7-1

某小区还有20%的房屋没有售出，开发商与物业服务企业关系密切，故双方约定空置物业的服务费用只按对其他业主收费标准的30%交纳。对此，业主意见很大，认为开发商与物业服务企业的行为侵犯了业主的利益。业主的说法是否有道理？

案例分析：开发商应该和其他业主一样平等地支付物业管理费，而不论空置房是否入住或卖出，其理由如下：小区的物业服务费主要是公共性服务收费，包括公共设施、设备的日常运行、维修及保养费，绿化管理费，清洁卫生费，保安费，办公费等。从这些费用的构成来看，物业服务费不会因为物业是否空置而有太大的变动。并且，对于业主来说，物业服务费用都是入伙预收的，即物业费在交房时开始支付，而无论是否实际入住，即使交房后空置，也要交纳相应的费用。所以，开发商为空置物业支付与业主相平等的物业服务费用，才是公平的做法，才符合民事问题处理的公平原则。《物业管理条例》第四十一条第二款规定："已竣工但尚未出售或者尚未交给物业买受人的物业，物业服务费用由建设单位交纳。"

案例 7-2

某大厦6楼一住户洗菜池下水管堵塞，电话委托管理处维修班疏通。维修人员及时赶到现场。由于下水管堵塞严重，在6楼疏通不开，又转到5楼，从下水管检查孔反向往上清疏。经过3个多小时的努力，管道彻底疏通了。疏通中从下水管里掏出不少沙子、白灰和油漆块，证明堵塞是该住户装修造成的。当维修人员收取40元维修费用时，该住户以维修未使用任何材料为由，拒不交费，并振振有词地说，自己装修完刚入住，别的楼房都有一年保修期，他也应当住满一年后再交费。该案例应如何处理？

案例分析：维修费用包括材料费用和人工费用等其他费用，业主以未使用维修材料拒绝交付维修费用的理由不成立。本案例下水管道维修范围处于业主室内，属有偿服务范围，其堵塞显然是由业主装修期间未按装修管理规定，对下水管道使用不当造成的，其责任完全应由业主承担，业主应承担维修费用。

至于业主提出的保修期问题，关键在于保修期时效的计算。房屋保修期的计算，是从业主办理入伙手续之日起计算时间，与业主入住房屋的时间无关，因此，业主所说刚刚入住的理由也不成立。物业服务企业应根据业主办理入伙手续的时间计算保修期，依据实际情况酌情妥善处理。

案例 7-3

某业主与王小姐签订了一份房屋租赁合同，把自己的一套房子出租给她居住，租期为两年。合同除了对租金及支付期限作了约定外，还约定物业管理费由王小姐承担。随后该业主收到物业服务企业的催款函，说已欠付近一年的物业管理费。为此业主投诉，称租赁合同中已约定由非业主使用人交付物业费，物业服务企业不应再向业主催缴物业管理费。该业主的说法合理吗?

案例分析：根据规定，物业服务企业按照其与业主签订的物业管理服务合同提供物业管理服务后，有权按照合同向业主收取约定的物业费。对业主来说，在接受了物业服务企业提供的物业管理服务后，有义务按约定支付相应的物业费。

在房屋出租期间，业主应将出租情况及时书面告知物业服务企业。物业服务企业可根据业主和非业主使用人对物业费缴付的具体约定向有关义务人收取物业费。也就是说，若租赁合同约定由非业主使用人支付物业费，物业服务企业可直接向非业主使用人收取，但业主要承担连带责任。若租赁合同对物业费由谁支付没有约定或者约定由业主承担的，物业费应当由业主承担。

根据以上分析，若王小姐不按约定缴物业费，物业服务企业向业主收取物业费是有法律依据的，因为业主要承担连带责任。当然，在缴完欠付的物业费后，业主可向王小姐追偿，并可追究她相应的违约责任。

《物业管理条例》第四十四条规定：“物业管理区域内，供水、供电、供气、供热、通讯、有线电视等单位应当向最终用户收取有关费用。物业服务企业接受委托代收前款费用的，不得向业主收取手续费等额外费用。”物业管理区域内，供水、供电、供气、供热、有线电视等服务，一般都是由业主与服务单位单独签订合同的，物业服务企业不是合同的当事人，而是由这些服务单位向最终用户收取费用。只有在它接受这些单位的委托后才可以收取服务费用，但这时它不是向业主提供服务，而是接受服务单位的委托，应由服务单位支付费用，不应当向业主收取手续费。

案例 7-4

A女士购买了一套房，在办理入住手续时，对房屋内部提出了不少质量问题，认为该房没有达到入住条件。A女士因马上要出国，就在入住交接单上提出了自己的意见，并收了房门钥匙。半年后，A女士回国发现，有关质量问题仍未解决，而物业服务企业却发出了多份催交物业费的通知。A女士觉得很不公平：“当初收房时就对房子不满意，这半年自己也没住，怎么还要交纳物业管理费?”该案例应如何处理?

案例分析：A女士认为房屋有问题，并提出了自己的意见，但收取了房屋钥匙，A女士的这种做法意味着她已经认可房屋的交付使用了。

物业管理费实质上是向产权人、使用人收取公共区域管理服务费，主要包括公共卫生清洁、公用设施设备的维修保养及保安、消防、绿化等费用。此费用一般按物业100%入住率测算分摊到每平方米。因管理费的收费标准是“以支定收”的，若有一户业主因房屋未住不交管理费，物业服务企业收取的费用就减少了一份。要保证正常工作，只能挪用其他费用，侵占其他业主的权益。另外，从物业管理的运作过程看，物业管理工作一旦启动，物业内的所有公共设备和配套设施都要运作，管理人员要到位，服务工作要开展，各项管理费用支出要发生。不可能因个别物业的空置，使物业整体的管理如治安、消防、保洁、电梯、公共照明及管理维护人员间断或减少。

处理结果：A女士所购买的房屋虽然未住过，但物业服务企业的综合服务并未因此而减少，故仍应交纳管理费。

六、案例实操

案例7－5

家住某小区的骆先生称，在购房时开发商承诺物业管理费为0.6元每平方米，有管道煤气、24小时热水等配套服务，且写进了购房合同，但入住近1年了，非但管道煤气、24小时热水等没有落实，而且物业管理费反而涨到0.8元每平方米。物业服务企业回答说，“开发商说的不算数”，收费是依据有关标准确定的，而开发商则称物业管理已移交，自己无权过问。该案例应如何处理？

案件提示：注意区分购房合同与物业管理服务合同的不同。

案件分析：

____

____

____

案例7－6

2013年初，李某所在的小区物业服务企业催收2012年度的物业管理费。李某认为自己交纳的物业管理费中包含保安费，可小区保安并没有真正做到保证自己的财产安全，造成自己在小区中一年内丢了三辆自行车，因此拒绝交纳物业管理费。物业服务企业反复说明保安只负责维护小区公共秩序和安全，定时开关小区大门，巡逻时发现火警、治安、交通事故及时处理，对可疑人员进行盘查。而丢失自行车是属于治安刑事案件，应由公安机关负责处理，与物业服务企业无关。但李某仍不听其解释劝说，坚决拒绝交纳2012年度的物业管理费。该案例如何解决？

案件提示：交纳物业管理费是业主应尽的义务，但物业服务企业在收缴中总会遇到一些以各种原因为理由拒绝交纳物业管理费的业主，对此物业服务企业应按实际情况，采取一般性追缴和区别性追缴的不同追缴方式进行催缴，必要时可利用法律手段保护企业利益。

案件分析：

____

____

____

任务三 住宅专项维修资金

案例导学

某大厦雨水管道垂直贯穿5层住房阳台板，从4层阳台顶部弯出墙外连通污水干管，唯一的检修疏通孔就在弯部。要实施检修疏通，必须穿行于4层的居室，这就不可避免地会给该居室业主带来或多或少的不便，因而许多人不愿给予配合。一次，物业服务企业准备对其中一条雨水干管进行清淤。维修人员两次上门联系，都被业主拒之门外。维修主管又第三次登门做工作，还是没有做通。业主认为管道清淤非常麻烦，强调管理处应当拿出一劳永逸的方案。此情况该怎么解决？

评析：

本案例是一件较为典型的因雨水干管设计不当而引发的公共部位维修纠纷案例，因对雨水干管的检修疏通的确给住户生活带来诸多不便，因此，在纠纷的处理上，物业服务企业态度要谦恭，处处表现出对业主的尊重，让业主能够理解物业服务企业的苦衷，配合完成雨水干管的检修疏通工作。如果业主仍不理解，不愿配合，就要介绍相关的物业管理法规，让业主了解配合物业服务企业完成对公共部位的维修是业主应尽的义务。

为了避免这种情况，最好是在设计开发阶段，物业服务企业就已介入，从利于物业管理的角度提出设计方案。本案例里的这种情况，业主提出改造雨水干管的要求并不过分，物业服务企业也应拿出改造方案，一劳永逸地解决这种设计上的不合理。如果这个改造方案需较大的费用，应征得业主委员会的同意，或开发商的支持。

一、住宅专项维修资金的来源及归属

住宅专项维修资金，是指专项用于住宅共用部位、共用设施设备保修期满后的维修和更新、改造的资金。是物业保值、增值的保障，对物业的物理寿命和经济寿命有直接的作用，对业主和物业使用人的生活环境和人身安全有至关重要的影响。

住宅专项维修资金是指属于全体业主共有的，用于物业共用部位的特定事项进行维护的资金。我国《物权法》第七十九条规定："建筑物及其附属设施的维修资金，属于业主共有。经业主共同决定，可以用于电梯、水箱等共有部分的维修。维修资金的筹集、使用情况应当公布。"住宅专项维修资金的运作与管理应采取"分类储存，专项使用，分别管理"的原则，应当采取特殊的管理模式，以保障专项维修资金的高效运作和安全。《物业管理条例》第五章中明确规定，住宅物业、住宅小区内的非住宅物业或者与单幢住宅楼结构相连的非住宅物业的业主，应当按照国家有关规定交纳专项维修资金。同时强调，专项维修资金属业主所有，专项用于物业保修期满后物业共有部位、公有设施设备的维修和更新、改造，不得挪作他用。

住宅专项维修资金来源于业主交纳、开发商交纳、经营收入以及维修资金的增值四部分。在签订商品房买卖合同时，作为买受人的业主与作为出卖人的开发商，通过合同约定建筑物及其附属设施的专项维修资金比例和份额。按有关规定，商品住宅的业主、非住宅的业主按照所拥有物业的建筑面积交存住宅专项维修资金，每平方米建筑面积交存首期住宅专项维修资金的数额为当地住宅建筑安装工程每平方米造价的5%至8%。商品住宅的业主应当在办理房屋入住手续前，将首期住宅专项维修资金存入住宅专项维修资金专户。售房单位代为收取的专项维修资金属全体业主共同所有，不计入住宅销售收入。在业主办理房屋权属证书时，商品住房销售单位应当将代收的专项维修资金移交给当地房地产行政主管部门代管。各省、自治区、直辖市根据本地区的实际情况，制定了相应的地方性法规，要求开发商交纳部分专项维修资金。

一般认为，业主对区分建筑物享有三项权利：（1）区分所有权，即各业主对物业各专有部分享有的所有权。（2）共有权，即全体业主对于物业的公用部分、共用设施设备所共同享有的所有权。（3）成员权，即各业主所享有的对物业的管理权，如参加业主大会和行使表决的权利。后两项权利是以第一项权利为基础的，业主不得将此三项权利分别转让。设立专项维修资金的目的在于对物业的公用部分、共有设施设备的维护、更新和改造，以使物业处于良好的状态，从而达到维护全体业主共同利益的目的。基于共有关系，专项维修资金就不再是各业主单独所有，而是全体业主共同所有，也就是说法律规定的“业主所有”应理解为全体业主共同所有，而非单个人单独所有。

二、住宅专项维修资金的运作规则

住宅专项维修资金的使用应该按照《住宅专项维修资金管理办法》，专项用于住宅公用部分、共用设施设备保修期满后的大修、更新、改造。对于共用部位、共用设施设备，根据《住宅专项维修资金管理办法》第三条的规定，住宅共用部位，是指根据法律、法规和房屋买卖合同，由单幢住宅内业主或者单幢住宅内业主及与之结构相连的非住宅业主共有的部位，一般包括：住宅的基础、承重墙体、柱、梁、楼板、屋顶以及户外的墙面、门厅、楼梯间、走廊通道等。共用设施设备，是指根据法律、法规和房屋买卖合同，由住宅业主或者住宅业主及有关非住宅业主共有的附属设施设备，一般包括电梯、天线、照明、消防设施、绿地、道路、路灯、沟渠、池、井、非经营性车场车库、公益性文体设施和共用设施设备使用的房屋等。从以上规定可知，住宅专项维修资金管理实行专户存储、专款专用、所有权人决策、政府监督的原则。强制规定了专项维修资金的使用范围，即不允许当事人协议变更使用范围。不是公用部分和共用设施设备的维修，不在专项维修资金中支付。

三、住宅专项维修资金的使用管理

住宅专项维修资金应当存入专门的账户，由业主团体管理，并且制作专门的会计账册，定期公布开支明细表供查阅。住宅专项维修资金的使用管理必须由全体业主通过一定的方式共同确认。住宅专项维修资金的使用应由业主大会决议，与物业服务费用一样，由业主委员会制作每年的预算方案提交业主大会决议。决议之后，由业主委员会具体实施。还可以规定，在住宅专项维修资金的单项开支达到一定数量以上的，实行公开招标的方式确定提供专项维修服务的企业，以保障发挥住宅专项维修资金的最大效益。

住宅专项维修资金应当用于整个物业区域公共场地、公共设施的维修。由于住宅专项维修资金事关整个物业区域内全体业主的重大利益，其运作机制首先应当考虑到资金的安全。业主委员会掌控资金使用权，业主委员会在专项维修资金的使用中起着重要的作用，大量工作由业主委员会完成，但更多的是房地产开发商在前期物业服务合同中委托物业服务企业等物业管理人来实施。专项维修资金闲置时，经业主大会批准，业主委员会可购买国债或用于法律法规规定允许的其他范围，严禁挪作他用。当然，在考虑到资金安全的基础上也需考虑专项维修资金的增值，因此可以考虑将住宅专项维修资金中的一部分投资购买国债，使其保值增值。采用信托的方式予以管理，是国外物业管理实践中保障住宅专项维修资金安全和保值增值的通常做法。当然，还应当保留相当数额的专项维修资金可供随时使用。

依据区分所有中的共同所有之规则，单个业主对专项维修资金所享有的支配权应通过行使成员权来实现，即各业主均为住宅专项维修资金的共同所有人，专项维修资金的支配应该由业主团体决议。转让其专有部分后，业主即丧失了共有人身份，该业主与其他业主的共有关系虽然消灭，但仍不能要求归还专项维修资金。《住宅专项维修资金管理办法》第二十八条规定："房屋所有权转让时，业主应当向受让人说明住宅专项维修资金交存和结余情况并出具有效证明，该房屋分户账中结余的住宅专项维修资金随房屋所有权同时过户。"这就是区分所有中的共有与普通共同所有的不同之处。业主也可以在转让合同中与受让人明确约定，由受让人补偿其在专项维修资金账户中的结余部分。专项维修资金的目的在于对物业的公用部分、共用设施设备维护，因此，只要共有部分存在，就必须保持专项维修资金。专项维修资金被挪作他用的，业主要求恢复原状或者返还的，应该得到支持。

根据《住宅专项维修资金管理办法》第二十九条的规定，房屋灭失的，专项维修资金代管单位应当将房屋分账户中结余的住宅专项维修资金返还业主。国家通过法律强制性规定对专项维修资金实现严格管理，是为了使物业能够处于良好运行状态，为业主创造良好的生活环境，提升业主的生活质量。如果法律对此不加以限制，个别业主在交纳后又以某种理由取回在其名下的专项维修资金，专项维修资金制度就会名存实亡，最终有损全体业主的利益。

四、住宅专项维修资金的管理和监督

为了使住宅专项维修资金的使用能够落到实处，其使用还必须遵守一定的程序。根据《住宅专项维修资金管理办法》的规定，业主大会成立前，专项维修资金由物业所在地直辖市、市、县人民政府建设（房地产）主管部门代管。业主大会成立后，专项维修资金的使用由业主委员会管理。

（一）住宅专项维修资金的管理

根据《住宅专项维修资金管理办法》第十五条的规定，业主大会成立后，应当委托所在地一家商业银行作为本物业管理区域内住宅专项维修资金的专户管理银行，并在专户管理银行开立住宅专项维修资金专户。专户管理银行将该资金账面余额划转至业主大会开立的住宅专项维修资金账户，并将有关账目等移交业主委员会。从该条规定中可以推出，业主委员会也可以自行管理专项维修资金。

(二)住宅专项维修资金的监督

1. 业主委员会的监督

根据《住宅专项维修资金管理办法》第三十条的规定，业主委员会应当每年至少一次与专户管理银行核对住宅专项维修资金账目。可见业主委员会有权监督住宅专项维修资金的管理和使用状况。

2. 业主的监督

此处包括业主的监督权和知情权。根据《物业管理条例》第五十三条第二款的规定，住宅专项维修资金属于全体业主所有。根据《物业管理条例》第十一条的规定，住宅专项维修资金的使用方案是由业主大会决定的，但是住宅专项维修资金的具体使用只能由业主团体的管理机构——业主委员会执行。业主大会及业主享有监督住宅专项维修资金使用的权利，以保障住宅专项维修资金的合理、有效利用。

根据《物业管理条例》第六条的规定，业主有权监督住宅专项维修资金的使用、筹集和管理。这种监督权的实现以知情权为前提，即业主只有在了解住宅专项维修资金的情况下才有可能行使监督权，为此，业主的监督权和知情权是不可分割的。业主有权要求业主委员会或者物业服务企业向其公布专项维修资金的账目，并有权质询有关情况，业主委员会和物业服务企业必须予以解释。此外，业主可以通过参加业主大会会议行使表决权和质询权的方式，监督专项维修资金的使用和管理。业主作为物业管理的最终受益人，享有不可缺少的监督权。业主可以通过举手投票的方式选举或罢免业主委员会委员以及其他业主团体内部机关的成员，这种方式本身就是一种间接的监督机制。

3. 政府的监督

直辖市、市、县人民政府建设（房地产）主管部门，负责管理公有住房住宅专项维修资金的部门及业主委员会，应当每年至少一次与专户管理银行核对住宅专项维修资金账目，并向业主、公有住房售房单位公布。

专户管理银行应当每年至少一次向直辖市、市、县人民政府建设（房地产）主管部门，负责管理公有住房住宅专项维修资金的部门及业主委员会发送住宅专项维修资金对账单。直辖市、市、县建设（房地产）主管部门，负责管理公有住房住宅专项维修资金的部门及业主委员会对资金账户变化情况有异议的，可以要求专户管理银行进行复核。专户管理银行应当建立住宅专项维修资金查询制度，接受业主、公有住房售房单位对其分户账中住宅专项维修资金使用、增值收益和账面余额的查询。

住宅专项维修资金的管理和使用，应当依法接受审计部门的审计监督；财务管理和会计核算应当执行财政部有关规定。

住宅专项维修资金专用票据的购领、使用、保存、核销管理，应当按照财政部以及省、自治区、直辖市人民政府财政部门的有关规定执行，并接受财政部门的监督检查。

五、案例分析

案例 7－7

某高层住宅小区建于 1986 年，商品房预售许可证是在 1998 年 10 月 1 日前核发的。

按《住宅专项维修资金管理办法》的规定，该小区物业管理处要求用户依照规定，按购房款的2%交纳物业管理专项维修资金，引起小区业主们的投诉。业主认为维修费应从管理费中出，不应该再交钱，就是交钱也应由开发商出钱，管理处是在替开发商转嫁负担。由于收专项维修资金在业主中造成的反应过于强烈，管理处决定缓收专项维修资金。但小区内的电梯、消防设备已趋于老化，电梯困人现象时有发生，消防设备几近瘫痪，居民投诉不断。该案应如何处理？

案例分析：案例所述现象目前已不仅仅存在于这一个小区，而是几乎每个物业服务企业都会面临的共同问题。众所周知住宅专项维修资金是维持物业状况的重要保证，但现在很多早期入住的业主不肯补交这笔费用，而新建物业的开发商也迟迟不肯交专项维修资金。其中的原因是多方面的，主要有：

一是业主把专项维修资金与物业管理费混为一谈，认为住宅既然已交了不少物业管理费，维修费自然应从物业管理费中出，不应另外收费。其实，物业服务企业的物业管理费支出只包括简单维修的小修项目，较大的维修则需从专项维修资金中列支，或由业主据实分摊。

二是住宅专项维修资金管理有待规范。住宅专项维修资金的管理一般有三种情况：第一种，由当地房地产行政主管部门代管；第二种，由业主委员会代管；第三种，由物业服务企业代管。实际上这三种管理方式都有一定的弊端。政府主管部门代管虽防止了专项维修资金的挪用或乱花，但因对具体物业情况了解不全面，易产生审批慢而误事及难以达到经济、合理的使用目的；业主委员会或物业服务企业自行代管，两者会因各自出发点不同和目的不同，引发一些争端，进而影响到专项维修资金的正常审批和使用。

三是个别物业服务企业乱用专项维修资金，未把专项维修资金专款专用，有扩大使用范围的现象。如有的物业服务企业把专项维修资金挪作投资、炒股或进行其他项目维修等；一些物业服务企业借机使用专项维修资金修缮本应从管理费中支出的维修项目。

正如案例所述小区那样，专项维修资金催收难，已严重影响了物业管理的正常开展。一方面，由于专项维修资金不能及时到位，影响了有些共用设施设备的维修和更新，给用户带来不便，引发了投诉；另一方面，对那些按时足额缴纳了专项维修资金的开发商和业主也是不公平的，损害了他们的权益。

该物业管理处认为，专项维修资金还是应该按规定收取的，可分步筹集。先把收到的专项维修资金转入指定的代管银行建立专户，并按住宅专项维修资金建立程序操作。

因该管理处已按规定建立起专项维修资金账户及收取、使用制度，管理处接下来的工作是向业主宣讲这些程序以及国家的法规，使业主了解专项维修资金在物业管理中的重要作用及收取专项维修资金的严肃性、规范性，催促业主继续交费。同时，管理处利用所收到的专项维修资金有计划地对小区内的电梯及消防设备进行维修及更换，排除安全隐患。

案例7-8

某大厦许多业主在进行室内维修时，都愿意选择管理处提供的料具，因为由管理处提供的料具不仅方便，而且物美价廉。但也有对此提出质疑的。有一天，某户厨房环型灯管不亮，维修人员检查后确认灯管已坏。业主当即不满地说："这灯管是你们不久前帮助换上的，肯定是假冒伪劣产品！”显然这是业主对管理处提供的料具提出了质疑。维修人员应该怎么办？

案例分析：本案例的维修项目是物业服务企业提供的有偿维修服务，物业服务企业会向业主收取适当的工本费。在这种情况下，业主关心物业服务企业所提供的料具质量，甚至对料具质量有所怀疑，流露出不满，也是情理之中的。物业服务企业的维修人员应该表示理解，并根据具体情况做好耐心细致的解释。

物业服务企业的有偿维修服务，是在为业主提供常规服务的前提下的多种经营，其目的是方便业主，而不是盈利。因此，工本费用是低廉的，属微利经营。为业主提供的料具，尤其是日常生活中损耗量较大的料具，由于物业服务企业的集中采购，价格一般比业主独自购买要低，从而使业主获得优惠的维修服务。

项目小结

物业服务收费是指物业服务企业按照物业服务合同的约定，对房屋及配套的设施设备和相关场地进行维修、养护、管理和维护相关区域内的环境卫生和秩序，向业主所收取的费用。物业服务收费应当遵循合理、公开以及费用与服务水平相适应的原则。物业服务收费要遵循相关法律规定，如《物业服务收费管理办法》《物业管理条例》等。住宅专项维修资金，是指专项用于住宅共用部位、共用设施设备保修期满后的维修和更新、改造的资金。住宅专项维修资金要接受业主、业主委员会、政府的监督。

职业实训练习

- **实训目的**

（1）了解物业费收取的事项；

（2）熟悉物业费收取的工作流程；

（3）学会独立进行物业费收取工作。

- **实训内容**

协助某物业小区物管员参与物业费的收取活动。

- **实训要求**

（1）联系一个物业小区；

（2）写一份参与物业费收取活动的体会。

项目八

物业管理纠纷与处理

学习目标

知识目标：掌握物业管理纠纷的主要类型，掌握处理物业管理纠纷的法律知识和法律依据。

能力目标：学会分析物业管理纠纷产生的原因，会运用所学的法律知识处理物业服务费、装修管理、车辆管理、财产损害和人身伤害等方面的法律纠纷。

任务一 物业管理纠纷与处理概述

案例导学

2008年5月，A房地产公司将房屋交付周某使用。由于小区系分期建造，周某所住小区许多设施不能完整移交投入使用。同年9月，A公司聘请的B物业服务企业在小区张贴了《安民告示》，明确告知了小区的智能防盗设施仍不完备的现状，以引起业主警觉，告诫业主做好防范工作。B物业服务企业在与周某签订的购房合同附件中对安全系统作了明确的约定。后小区发生多起盗窃事件。周某也失窃钻戒一枚、首饰一件及现金2 000余元。周某遂起诉至法院，要求A公司和B物业服务企业共同赔偿其损失。该案应如何处理？

评析：

本案主要是关于财产被盗民事赔偿问题。民事责任是因违反民事义务，依法应承担的法律后果，这是民事责任的本质特征。法律规定，公民、法人违反合同或者不履行其他义务的，应当承担民事责任。就本案而言，被告A公司与原告周某签订了购房合同，并在附件中对安全系统作了明确的约定。A公司若没有履行合同附件中对安全系统的要求，则应该承担相应的民事责任，被告B物业服务企业若在管理中存在疏漏，引起业主财产被盗，也应该承担相应的民事责任，否则二被告不承担相应的民事责任。二被告承担相应的民事责任后，有对盗窃者追偿的权利。

一、物业管理纠纷的概念和特点

（一）物业管理纠纷的概念

物业管理纠纷是指物业管理法律关系主体在物业管理、服务、使用过程中产生的权利与义务方面的争议。它不仅包括物业服务企业与业主、业主委员会之间的法律纠纷，物业服务企业与开发商之间的法律纠纷，业主、业主委员会与开发商之间的法律纠纷，还包括业主与业主之间、业主与业主委员会之间的法律纠纷。

（二）物业管理纠纷的特点

概括起来，物业管理纠纷具有以下特点。

1. 高发性

近年来，随着我国房地产业的迅速发展，物业管理纠纷案件逐年增长，纠纷类型也从原先单纯的追索物业服务费用纠纷转而向服务质量、乱收费、乱搭建、治安管理、装修管理、广告管理、车辆管理、财产损害和人身伤害以及解聘物业服务企业等引发的纠纷发展。物业管理纠纷数量不断攀升，已经成为影响社会和谐的重要障碍。如何减少和处理该类纠纷，不仅成为物业行业关注的焦点，也对维护当事人的合法权益有重要的意义。

2. 群体性

物业管理纠纷产生的原因通常是物业服务费用的缴纳、物业管理质量等涉及全体业主利益的共性问题，由于当事人多处于同一事件背景和同一社区，利益的共同性往往使业主联合起来，当发生纠纷时，有时会以某一小区为单位，业主对纠纷达成共识，形成群体性纠纷。

3. 多样性

首先，纠纷主体具有多样性：物业管理纠纷的主体不仅包括物业服务企业、业主、业主委员会、开发商，还包括建设单位和与物业有关的组织和单位；不仅包括自然人、法人和其他组织，还包括国外自然人、法人和其他组织。其次，纠纷类型具有多样性：不仅包括物业服务费用、服务质量、乱收费、乱搭建、治安管理等纠纷，还包括装修管理、广告管理、车辆管理、财产损害和人身伤害等纠纷。最后，纠纷原因具有多样性：既有物业管理与服务的原因，也有业主、业主委员会认识不到位的原因，还有开发商遗留问题的原因。

二、物业管理纠纷的常见类型

（一）业主拖欠物业管理费用而产生纠纷

业主因种种原因不满物业服务企业的管理而拒付物业管理费引发的纠纷为大多数。在此类纠纷中，物业服务企业往往是原告，业主以种种理由行使抗辩权。如业主以物业服务企业未能全面履行其义务，在维修、保洁、绿化等方面均存有问题，或以开具的物业管理费收据不符合税务机关的规定等为由拒付物业管理费。

（二）业主违章搭建或擅自改变房屋结构而致纠纷

业主违反装修管理规定擅自改变房屋结构或违反业主公约私自搭建违章建筑等引发纠纷。如某业主在平台上搭建卫生间，拒绝拆除搭建物而致纠纷；某业主在供小区居民生活用水的泵房顶部平台上违章搭建淋浴房，导致生活污水渗入蓄水池而引发纠纷等。

（三）车辆保管纠纷

在物业管理辖区内，车辆行驶、停车泊位和停车场泊位的占用都有一整套规章制度，但在现实生活中，由于不少人未弄清车辆占用车位关系和车辆寄存保管关系是两种不同的法律关系，造成车辆被盗、划伤等纠纷。

（四）装修管理纠纷

在业主装修过程中，往往存在业主破坏房屋结构、未按照规定等违章装修。

此外，常见的物业管理纠纷还有广告管理纠纷、人身伤害纠纷、财产损害纠纷等。

三、物业管理纠纷处理的依据

物业管理纠纷处理的依据是指人民法院、仲裁机构、有关行政机关及其他组织或个人对物业管理纠纷进行处理时所应适用的有关法律法规、政策规范和自治规范。一般来讲，物业管理纠纷处理的依据主要包括以下几种。

（一）物业服务合同

物业服务合同包括了物业管理项目、管理内容、服务标准、服务费、双方的权利义务、合同的履行期限、违约情形、违约责任、解决争议的方式等内容，是体现物业管理各方当事人权利义务的基本依据，也是有关部门、组织或个人处理物业管理纠纷的首要依据。

（二）管理规约

管理规约是全体业主的最高自治规则，经业主签署或业主大会决议通过而生效，是业主实现自治管理的重要协议。管理规约主要包括物业基本情况、业主共同事务的管理、业主的权利义务、对违反公约的处置等内容。它是物业管理的一个重要文件，其目的是调整物业管理区域内业主之间的关系，为业主创造愉悦舒适的生活环境。管理规约作为自治原则，需要业主大会决议通过，对全体业主具有约束力。即使不同意公约的少数业主与继受人也要受公约的约束。因此，有关部门、组织或个人在处理物业管理纠纷时必须考虑管理规约的规定，并把它作为处理物业管理纠纷的重要依据。

（三）法律

法律是由全国人民代表大会及其常务委员会制定的。一般来说，处理物业管理纠纷的法律依据包括：《民法总则》《合同法》《土地管理法》《城市房地产管理法》《物权法》等。

（四）行政法规

由于我国法制建设尚处于不断完善时期，特别是在用法律对经济关系进行宏观调控中，不少方面尚缺乏足够的经验，不可能立即制定出完备的法律，而是往往先由全国人民代表大会授权国务院制定行政法规，使这些方面的事务有法可依。所以，有些领域的行政法规往往是行政机关进行管理活动的唯一依据。这就使得在行政管理活动中，适用行政法规仍有特殊的重要性。在物业管理纠纷的处理中，最常用、最重要的行政法规是《物业管理条例》等。

（五）地方性法规

地方性法规是省、自治区、直辖市以及省级人民政府所在地的市和国务院批准的较大的市的人民代表大会及其常务委员会，根据宪法、法律和行政法规，结合本地区的实际情况制定的，并不得与宪法、法律和行政法规相抵触的规范性文件，并报全国人大常委会备案。地方性法规大部分称作条例，有的为法律在地方的实施细则，部分为具有法规属性的文件，如决议、决定等。

（六）规章

规章包括部门规章和地方政府规章两种。部门规章在全国范围内具有约束力和执行力，属于中央行政立法的范畴，在效力等级上低于法律和行政法规。地方政府规章只在所辖区域内有效力，属于地方立法的范畴，在效力等级上低于法律、行政法规和地方性法规。

在物业管理纠纷处理的实践中，最常用的规章依据是部门规章，而其中又以住房和城乡建设部制定发布的规章为主，这些规章主要包括《物业服务收费管理办法》《物业服务企业资质管理办法》《商品房屋租赁管理办法》《前期物业管理招标投标管理暂行办法》《住宅室内装饰装修管理办法》等。

（七）司法解释

最高人民法院作为我国的最高审判机关，依法享有监督地方各级人民法院和各专门人民法院的审判工作的职权，为了在审判工作中正确贯彻执行法律，它可以在总结审判实践经验的基础上发布司法解释，包括发布在审判工作中适用某个法律的具体意见。在实践中，《民法总则》《最高人民法院关于适用〈中华人民共和国合同法〉若干问题的解释（一）》《最高人民法院关于审理物业服务纠纷案件具体应用法律若干问题的解释》《最高人民法院关于审理建筑物区分所有权纠纷案件具体应用法律若干问题的解释》等司法解释性文件也是处理物业管理纠纷的重要依据。

（八）行业惯例

除上述依据外，物业管理行业的一些惯例也可以作为处理物业管理纠纷的参照依据。这就意味着在处理具体的物业管理纠纷时，有关部门、组织或个人不仅要从法律、法规、自治规范中寻找依据，有时也得从现实生活中去寻找行业惯例作为处理物业管理纠纷的依据。这在目前物业管理规范不足的情况下是非常必要的。

四、物业管理纠纷的处理方式

根据我国现行的法律法规与司法实践，物业管理纠纷的处理方式主要包括诉讼方式与非诉讼方式。前者是指当事人通过向人民法院提起诉讼的方式来解决物业管理纠纷。后者主要包括协商、仲裁等方式。

（一）民事诉讼

物业管理纠纷民事诉讼是指人民法院、纠纷各方当事人和其他诉讼参与人，在审理物业管理纠纷过程中所进行的各种诉讼活动以及由这些活动所产生的各种诉讼关系的总和。

（二）协商

协商是物业管理纠纷双方当事人之间本着互谅互让的态度和实事求是的精神，按照有关法律法规的直接规定，就有关纠纷直接进行磋商或谈判，自行达成协议从而解决纠纷的一种方式。协商既需要当事人据理力争，又需要适当退让；既要双方取得共识，又要承认对方合理利益的界限。协商无须第三者参与斡旋、调停、仲裁或裁判。这种方式简便易行，省时、省力、省钱，是一种理想的纠纷解决方式，其关键是在运用过程中要注意合法性和自愿性。单纯的双方当事人之间的协商属于典型的“私了”，通过协商“私了”是有条件的，在条件不具备时，往往难以达成合意，且通过自行和解达成的协议并不具有法律上的强制执行力，约束力不足，因此具有很大的不确定性，当事人也不能向人民法院申请强制执行。

（三）仲裁

物业管理纠纷的仲裁，是指发生物业服务纠纷的当事人按照有关规定，根据事先或事后达成的协议，把他们之间发生的争议提交仲裁机构，由仲裁机构以第三者的身份对双方争议的事实和权利、义务做出裁决的一种纠纷解决方式。

五、案例分析

案例 8-1

原告A物业服务企业于2010年与B房地产有限公司签订了一份《前期物业管理服务合同》，双方约定由A公司受B房地产有限公司的委托对C新城小区实行物业管理，物业管理费为3.00元/平方米，并根据实际情况调整，委托管理期限为3年。后A公司将物业管理费调整为3.50元/平方米。2013年4月，C新城小区成立业主委员会并决定招标选聘物业服务企业。A公司以每建筑平方米3.00元中标，但未与业主委员会签订合同。故此，业主丁某其后未再向A公司交纳物业管理费。后众业主要求A公司自其中标之月起按投标价3.00元/平方米收取物业管理费。A公司诉至法院，要求丁某按照每月3.50元/平方米的标准交纳物业管理费及滞纳金。该案应如何处理？

案例分析：《物业服务收费管理办法》第二条规定：“本法所称物业服务收费，是指物业管理企业按照物业服务合同的约定，对房屋及配套的设施设备和相关场地进行维修、养护、管理，维护相关区域内的环境卫生和秩序，向业主所收取的费用。”物业服务费用作为物业服务企业提供管理服务向业主收取的报酬，是物业服务企业开展正常业务、提供物业管理服务的保障。它既是物业服务企业的重要权利之一，也是业主的主要义务之一。物业服务收费应遵循合理、公开和服务费用与服务水平相适应等原则。本案A公司以3.00元/平方米中标，则要求丁某按照每月3.50元/平方米的标准交纳物业管理费及滞纳金，是没有法律依据的。

案例8－2

朱某系A业主委员会第一届委员，从2003年起任职，2004年2月，朱某领取了小区建设奖励费1 000元。2006年，A小区一期业主代表大会通过决议，认为第一届业主委员会成员领取活动费和奖励费未经业主代表大会决议通过，且专项维修资金不可擅自动用，应予退还，并于2006年6月向朱某送达要求返还活动费的通知，但遭朱某拒绝，A业主委员会遂诉诸法院。一审法院判令朱某限期返还A业主委员会1 000元并支付利息。该案应如何处理？

案例分析：业主委员会是业主大会的执行机构，经过业主大会或业主代表大会选举产生，业主委员会委员应该由热心公益事业、责任心强、公正廉洁、具有社会公信力的人担任。朱某作为A业主委员会第一届委员，理应为全体业主服务，领取小区建设奖励费1 000元是不妥当的，何况专项维修资金的使用需要经过业主大会通过才能使用，所以法院的判决是正确的。

任务二　装修管理纠纷与处理

案例导学

某日值班保安匆忙到小区物业服务企业办公室，报告称：“某业主不按指定位置安装空调，要将空调孔打在窗户上方。”物业服务企业人员随后赶到并要求业主按规定安装空调，业主梁某认为：物业服务企业规定的位置太不合理，强烈要求将空调孔打在窗户上方，并且明确表示：“我今天就要在这里打孔，看你们能把我怎样！”此时，空调公司的人员也在一旁说着风凉话，更助长了业主对物业服务企业人员的抵触情绪。物业服务企业应该怎么办？

评析：

业主装修引起的纠纷是物业管理中常见的问题之一。针对本案业主执意乱装空调的行为，物业服务企业应该首先从小区环境整洁、安全等方面做好解释工作，若业主执意不听，物业服务企业可以制止，直至停止其装修。《物业管理条例》第五十二条规定：“业主需要装饰装修房屋的，应当事先告知物业服务企业。物业服务企业应当将房屋装饰装修中的禁止行为和注意事项告知业主。”第四十六条第一款规定：“对物业管理区域内违反有关治安、环保、物业装饰装修和使用等方面法律、法规规定的行为，物业服务企业应当制止，并及时向有关行政管理部门报告。”

一、装修管理及装修程序

目前开发商建造的居住物业绝大多数是毛坯房，物业交付使用后，会有较长一段时间的装修搬迁期。这段时期是小区秩序最乱、对物业的人为损坏最严重、治安和消防管理难度最大、引发各类矛盾和纠纷最多的时期，因此，对装修过程的管理是物业管理的重点和难点工作之一。有效的装修管理将为今后日常物业管理打下良好的基础，也有助于物业服务企业树立自身的品牌形象。

（一）制定规定，宣传引导

房屋装饰装修的法规和地方性文件是装修管理的主要依据，主要包括《住宅室内装饰装修管理办法》《环境污染防治法》《消防法》等。物业服务企业要依据政府的法规和文件，结合物业小区的实际情况，制定适合于本物业小区的装修管理规定。装修管理规定制定以后，要利用多种途径和方式广而告之，大力宣传，加强教育、引导和培训的工作。比如，将装修管理规定放到开发商的售楼处，或者张贴在建筑施工现场某个醒目的位置，让业主/准业主们事先了解有关规范和要求，销售人员也对购房人进行宣传解释，可以减少很多将来可能发生的矛盾和纠纷。

（二）重点管理三个主体

装修管理所涉及的三个主体对象是——业主、物业服务企业和装修施工单位。

1. 业主

业主是装修管理最重要的主体，把业主的问题解决了，装修管理就成功了一大半。由于绝大部分业主都很在意居室装修，但又很少了解装饰装修的有关法律法规，而习惯于以自我的审美情趣追求居室个性化，不规范、违规等装修行为屡屡发生。因此，加强对业主的宣传、引导和管理显得非常重要。

2. 物业服务企业

物业服务企业是装修管理的责任人和执行者，因此，物业服务企业对装修管理重视程度的强弱和投入管理力度的大小，也直接影响到装修管理的有效性。物业服务企业加强装修管理，主要体现在以下七个方面：

（1）制定适合本物业小区的装修管理规定，并开展广泛的宣传引导工作；

（2）对物业管理员工进行培训，使之全面、正确地了解和理解装修管理法规和政府文件并能作出适当解答；

（3）明确规定各岗位人员在装修管理中的职责和作业要求，以及制止和纠正业主和装修施工单位违规装修行为的处理方案；

（4）在装修搬迁高峰期间，增加必要的人力和财力的投入；

（5）加强对装修施工单元的巡视检查，对业主和装修施工单位违规装修行为和现象，作好相关记录，必要时向物业服务企业报告；

（6）及时修缮因装修施工而损坏的地面、墙面、顶面等公共部位和设施，随时清除各类小广告；

（7）及时清运装修垃圾。

3. 装修施工单位

装修施工单位是装修管理的主要对象，对施工单位的管理，特别是对小型装修公司管理，在施工单位办理装修施工手续时，要严格审查上岗证书、资质证书和装修施工图纸，严格控制施工人员出入证的发放，并将有关材料登记记录在案。与施工单位签订《住宅装修管理协议》，必要时还可收取装修施工单位一定数额的保证金。

（三）装修程序

1. 装修范围的确定

业主应严格按照《家庭居室装饰装修管理规定》中的装修范围和要求进行室内装修、维修。

2. 装修队的选择

（1）为配合管理处对装修的管理，业主（住户）装修应尽量选择物业服务企业推荐的施工队伍（至少应有两个以上的施工队供业主选择），这几家实力较强、信誉较好的施工队伍，经培训对本物业管理区域范围内的房屋结构比较了解，并在其承诺遵守本办法和其他装修规定后，在物业服务企业监督管理下提供装修服务。

（2）业主有选择上述施工队伍和自聘有××市住宅装修资格的施工队伍的自由，但必须经管理处资格审查后按《×××装修施工队管理办法》的规定进行管理。

3. 装修申请

业主在装修前应提前5天填写《房屋装修申请表》并交物业服务企业，如实填写装修施工内容，并注明委托施工单位、进场人数及装修时间。业主装修申请应经业主、施工单位及物业服务企业三方在申请书上签字盖章，方可进行装修。

4. 装修审批

（1）业主（住户）必须如实填报《装修申请审批表》各款内容于确定的装修日期7天内携带装修设计图纸和消防部门装修审批材料批文，上报物业服务企业（涉及消防规定的应先向消防部门办理报批手续），双方应签订《装饰装修服务协议》，在协议中约定双方的权利义务及违约责任。管理处将在收到审批表后两个工作日内给予批复。

（2）业主（住户）收到批复后，应带领选定的装修队负责人到管理处按规定办理施工队有关进场手续方可进场装修施工。

5. 施工

根据建设部发布的《建筑装饰装修管理规定》和《住宅室内装饰装修管理办法》和政府有关政策，为加强物业辖区管理，保证物业的完好和安全，保持物业辖区的整洁美观，维护全体业主的合法权益。

（1）住宅室内装饰装修活动，禁止下列行为：

1）未经原设计单位或者具有相应资质等级的设计单位提出设计方案，变动建筑主体和承重结构。建筑主体，是指建筑实体的结构构造，包括屋盖、楼盖、梁、柱、支撑、墙体、连接接点和基础等；承重结构，是指直接将本身自重与各种外加作用力系统地传递给基础地基的主要结构构件和其连接接点，包括承重墙体、立杆、柱、框架柱、支墩、楼板、梁、屋架、悬索等。

2）将没有防水要求的房间或者阳台改为卫生间、厨房间。

3）扩大承重墙上原有的门窗尺寸，拆除连接阳台的砖、混凝土墙体。

4）损坏房屋原有节能设施，降低节能效果。

5）其他影响建筑结构和使用安全的行为。

（2）装修人从事住宅室内装饰装修活动，未经批准，不得有下列行为：

1）搭建建筑物、构筑物。

2）改变住宅外立面，在非承重外墙上开门、窗。

3）拆改供暖管道和设施。

4）拆改燃气管道和设施。

（2）中第 1、2 项行为，应当经城市规划行政主管部门批准；第 3 项行为，应当经供暖管理单位批准；第 4 项行为应当经燃气管理单位批准。

（3）住宅室内装饰装修超过设计标准或者规范增加楼面荷载的，应当经原设计单位或者具有相应资质等级的设计单位提出设计方案。

（4）改动卫生间、厨房间防水层的，应当按照防水标准制订施工方案，并做闭水试验。

（5）装修人经原设计单位或者具有相应资质等级的设计单位提出设计方案变动建筑主体和承重结构的，或者装修活动涉及上述（2）（3）（4）内容的，必须委托具有相应资质的装饰装修企业承担。

（6）装饰装修企业必须按照工程建设强制性标准和其他技术标准施工，不得偷工减料，确保装饰装修工程质量。

6. 验收

（1）装修工程完毕后，业主（住户）和施工队负责人共同向管理处申请竣工验收，管理处将派人进行查验。

（2）隐蔽工程必须在隐蔽前进行验收。如未验收，物业服务企业可安排拆除隐蔽部分遮挡，再行验收，由此造成的损失由业主（住户）自己负责。

（3）竣工验收合格后，由物业服务企业验收人员在《装修申请审批表》上验收栏内签名。验收不合格时，限期改正，再行复验，直至合格。经三次验收不合格者，物业服务企业可另行指定施工单位进行施工，所发生的费用由业主（住户）承担。

（4）装修验收合格并使用一个月后，经物业服务企业复验确定工程无明显质量问题，将押金退回业主（住户）和施工队。

二、装修期间物业管理存在问题的原因分析及对策

（一）装修期间物业管理存在问题的原因分析

1. 从物业服务企业的角度分析

在物业管理过程中存在的问题与物业服务企业有密不可分的关系，主要原因是物业服务企业的工作人员素质偏低。目前，物业管理的专业化队伍尚未形成，大部分上岗人员是

物业服务企业临时招聘的，没有经过正规的培训，缺乏专业技能和服务意识，把物业管理仅仅看成是简单的保安及清洁工作。加之物业管理的利润比较低，其琐碎的日常工作并不能吸引优秀的人才投入进去，由此造成的物业管理行业人力资源的匮乏，从业人员素质普遍偏低。由于他们不能够给业主提供及时准确的服务，往往会导致许多问题产生，造成一种恶性循环。

2. 从业主的角度分析

在装修过程中出现的上述种种问题与业主自身也有着不可分割的关系，主要的原因为有些业主素质偏低或者考虑问题不周。在装修过程中，有些业主素质不高，不管其他人的利益，只想自己快些装修完工，而不顾左邻右舍的生活，结果噪音干扰了邻居，还一副无所谓的样子。另外即使有些业主不是故意打扰左邻右舍的生活，但可能没有考虑到这一点，而忘记向自己的装修工人交代在装修过程中注意这一问题，造成装修扰民的后果。

3. 从开发商的角度分析

开发商遗留的问题使物业服务企业的管理工作面临难题，导致物业服务企业与业主的诸多矛盾产生。这些问题在装修阶段体现得尤为明显。主要是建筑阶段遗留许多工程问题，导致物业管理不能服务到位。建筑工程问题多，已成为社会高度关注的焦点。根据北京市建委物业管理有关报告，物业纠纷80％以上与开发商遗留问题有关。有些建筑工程问题直接造成物业管理先天不足、物业服务不到位的局面。

（二）装修期间物业管理问题的对策

装修期间的物业管理对于提升物业服务企业的形象及增加建筑公司的销售卖点都有很多的好处，并且，对于改善业主与物业服务企业的关系也大有裨益。因此，针对前面所指出的现阶段在装修期间出现的主要问题，笔者提出如下建议，以期对物业服务企业在业主装修期间的管理有所参考。

1. 与房地产公司加强联系，明确双方的责任归属

由于装修期间经常会出现业主发现很多与房地产公司有关的问题，如防水问题、管道问题等。因此，物业服务企业在接手小区管理时要与房产公司签订合同，明确责任归属。业主有了问题，即使属于房地产公司的责任，小区物业也应积极协助其联系房产公司，解决好业主的问题，业主必然会对物业服务企业投桃报李，至少会在以后的生活中少找物业服务企业的“茬”，也会多为物业服务企业考虑，这必然有助于今后的物业管理。而目前绝大多数物业服务企业是从房地产开发企业中分离出来的，有的开发商干脆直接利用自己的物业服务企业进行垄断式的管理，根本没有实行招标制度，这种开发与管理合一模式的弊端已日益暴露出来。它不利于房地产开发和物业管理向专业化和社会化的方向发展，与住宅产业现代化也不相符，更不利于切实保护购房者的利益。实行“建管分离”已成为房地产业发展的必然趋势，物业服务企业作为房地产项目的后期管理者，不应该承担由于房地产开发商的“违约”而产生的连带责任，这一点不仅要业主充分认识到，而且应该得到政府和法律上的支持。

2. 加强安全保卫措施

在装修期间，物业服务企业要采取各种措施，加强安全保卫，可以增加人员或相应设施。加强夜间巡逻与出入登记工作，虽然这会给工作人员和业主带来不便，但为了业主的利益，更多的业主肯定会予以配合的。

3. 规范化、人性化管理，解决噪音扰民问题

以人为本是物业管理永恒的主题。以人为本的物业管理能够有效地保证业主的身心健康，是创立物业管理品牌的必要条件。进行有效的物业管理，树立人性化理念，必须加强顾客意识，提高服务效率。如前文所述，在装修期间，最难解决的问题就是噪音扰民的问题。因此，这里就针对这一问题提出以下几条具体的解决措施：

（1）对业主进行宣传，进行道德约束。

在业主进入小区准备进行装修时就采用多种形式进行宣传，如广播、板报、倡议书等，倡导文明装修，不扰民装修。这部分的经费可以与房地产公司协商，使本小区实行不扰民装修成为房地产公司的新卖点，这样房地产公司可以提供部分的赞助。还可以与家装公司、建材公司联合，要求它们在本小区做广告时进行这方面的宣传。这样，在道德上进行管理与约束。使每一位业主都能从思想上认识到并重视这一点。

（2）与业主签订协议，进行合同约束。

我国现在的国民素质还参差不齐，只进行道德的约束还远远不够，因此为保证装修的不扰民的真正实现，还有必要进行合同的约束，就是与业主签订具有法律效力的合同。

（3）规范化管理装修工人。

对于装修工人的管理，是解决这一问题的关键，在与业主签订上述协议的情况下，业主应加强对工人的约束与管理，但可能还会出现一些问题。所以，除了业主对其管理之外，物业服务企业对进入本小区的工人也要进行宣传和管理，如制定允许作业时间，若在作业时间外受人举报有扰民现象，则立即停止其施工，并且物业服务企业有权驱逐其离开小区，并记入小区管理黑名单。

（4）与装修公司签订协议。

物业服务企业还要和进入本小区装修的装修公司进行协商，要求装修公司文明施工、不扰民，在装修之前先了解自己装修可能造成的噪声污染的范围，如果周围的业主都在装修，就无所谓扰民，如果在自己装修噪声污染的范围内有已入住的业主，则要严格遵守装修作息时间。当然，要真正解决好这一问题，还需要在法律上加强约束，政府有关部门要尽快加强有关方面的立法工作，从法律上解决这一问题。

三、案例分析

案例 8-3

景园小区业主廖某在装修时，向物业服务企业多次提出更改顶层复式房室内的一根大梁。其理由是该根梁既占用室内空间又影响美观，声称自己也问过有关设计师，并测算出了房屋建筑有关参数，也绘制设计出了改梁图纸。对业主廖某的这一要求，物业服务企业工作人员根据《装修管理规定》耐心进行解释，想要说服廖某放弃改梁方案，但廖某根本听不进去。他说："不管你们同不同意，我一定要改这根梁！"

针对业主廖某的态度，物业服务企业的工作人员坐在一起商讨对策，并把商讨出的办法及时报告给物业服务企业有关领导，上下统一口径，然后约见这位业主，建议他写出书面申请，报原设计单位审批。物业服务企业针对业主的改梁方案，给他提出合法解决的方案。对他执意行为要予以制止。

实际上，原则上一般业主在装修过程中不得改变承重墙体而影响房屋安全，《家庭居室装饰装修管理试行办法》《住宅室内装饰装修管理办法》等有明确规定。该案应如何处理？

案例分析：此案例是在业主办理入住后，在装修期间常见的问题。业主购房后，作为物业的所有权人，有权对自己的房屋进行装修，但其装修不能影响房屋的安全。一般情况下，业主入住装修前要填写《房屋装修申请表》报物业服务企业审批。物业服务企业应根据《建筑装饰装修管理规定》和物业服务企业制定的《住户装修管理规定》，经审核确定该业主申请的装修方案对房屋结构没有破坏，对业主的正常使用不构成安全隐患，方可批准。待物业服务企业批准后，业主才能开始装修。业主装修完成后，还须物业服务企业组织验收，合格后方可使用。

本案例中业主廖某提出的更改大梁的要求有可能给房屋的使用造成安全隐患，因此，物业服务企业不能同意业主廖某的这一不合理要求。有关设计师测算出的房屋建筑有关参数不能作为其更改大梁的合理依据，因为，此房屋建筑有关参数并不能代表原设计单位或专业设计单位的审批意见。因此，本案例中物业服务企业对业主提出的改梁要求不予同意的做法是对的。

相关法规条文：

《住宅室内装饰装修管理办法》第三条规定："住宅室内装饰装修应当保证工程质量和安全，符合工程建设强制性标准。"根据第五条的规定，住宅室内装饰装修活动，禁止下列行为：(1) 未经原设计单位或者具有相应资质等级的设计单位提出设计方案，变动建筑主体和承重结构；(2) 其他影响建筑结构和使用安全的行为。

案例 8-4

业主顾某为将原设计"一卫"改成"两卫"，在房屋的储藏室内擅自安装了电动抽水马桶、洗脸盆，改变废水立管的下水三通，致使楼下业主闻某储藏室内的储柜及物品受损。物业服务企业两次向顾某发出整改通知，责令其拆除私装物，未果。于是，闻某向法院起诉要求顾某恢复原状、赔偿损失。请问：顾某能否在自己的房屋内添装卫生设备？

案例分析：住宅不得改变使用性质。因特殊情况需要改变使用性质的，应当符合住宅室内装饰装修管理规定要求，其业主应当征得相邻业主、使用人和物业服务企业的书面同意，并经有关部门审批。房屋所有权人使用其房屋时，必须遵守有关的法律法规，不得擅自改变房屋的使用性质和功能。顾某擅自在自己房屋的储藏室内私装电动抽水马桶和洗脸盆，转换了废水立管的下水三通，使储藏室成了卫生间，改变了房屋的使用性质，使得楼下业主闻某的房屋渗水，顾某应当承担民事责任。

判决：顾某在法院判决生效之日起十日内拆除电动抽水马桶、洗脸盆，按房屋的原始结构图，将废水立管的下水管恢复原状。

相关法规条文：

《住宅室内装饰装修管理办法》第八条规定："改动卫生间、厨房间防水层的，应当按照防水标准制订施工方案，并做闭水试验。"第三十三条规定："因住宅室内装饰装修活动造成相邻住宅的管道堵塞、渗漏水、停水停电、物品毁坏等，装修人应当负责修复和赔偿。"

《家庭居室装饰装修管理试行办法》第十九条规定："因进行家庭居室装饰装修而造成相邻居民住房的管道堵塞、渗漏水、停电、物品毁坏等，应由家庭居室装饰装修的委托人负责修复和赔偿；如属被委托人的责任，由委托人找被委托人负责修复和赔偿。"

四、案例实操

案例 8－5

某日东苑小区物管人员称：业主魏某未按规定的位置，不听小区管理人员的劝告，擅自在外墙上开孔安装空调。待装修督察员赶到现场时，空调安装已在进行之中。装修督察员检查后，与业主魏某进行沟通，这样的安装不但影响了外墙面的统一布置和美观，而且还将给其他业主造成不良影响。但业主魏某仍坚持己见，继续安装。装修督察员只好暂扣装修工人的工具和证件，予以制止。业主魏某对装修督察员制止其装修十分不满，提出要物业服务企业领导签字，承担停止安装空调的后果。装修督察员认为自己行为并无不妥，随即提出业主也需签字，承认自己违反小区装修管理规定。双方各执己见，一时僵持不下。该案应如何处理？

案件提示：纠正业主违章不仅要向业主说清物业管理的有关规定，以理服人，而且还要注意讲究方法，以情动人。这样才能真正说服业主，配合物业服务企业做好管理工作。

案件处理：

案例 8－6

某小区物业服务企业人员巡查时发现×幢×梯 101 室有装修工在安装凸出的违规防盗窗，于是立即上前制止，装修工说：他们不知道规定，房东也不在，等房东来了让房东去交涉，此事与他们没有关系，拒绝接受劝告。该案应如何处理？

案件提示：本案装修问题而引起的纠纷主要是涉及物业服务企业与业主在管理上的关系，应按照他们之间签订的装修合同来处理。

案件处理：

任务三　车辆管理纠纷与处理

案例导学

某年3月6日晚上11时45分，家住某小区的方先生停在小区指定车位上的车被盗。同年4月，保险公司赔付给方先生19.5万余元。方先生认为，自己向小区的物业服务企业交纳了物业、停车车位、保安等费用，物业服务企业应该设专人24小时看管停车场或采用电子监控监视。车辆在指定停车位丢失，物业服务企业没有有效地履行职责，甚至没有提供任何破案线索，物业服务企业应该承担责任。同年5月，方先生起诉至法院，要求物业服务企业赔偿自己未获保险公司赔偿的部分购车款及车辆购置税等共9.8万余元。

物业服务企业称，小区只有一个进出大门，门卫24小时值守，且有电子监控。小区为业主的车辆发放了车辆进出凭证，出入查验。当晚，方先生的车辆开出时，保安看到车上有证就放行了。物业服务企业尽到了保管责任和应尽的管理义务，所以没有责任。

此案应该如何解决?

评析：

《物业管理条例》第三十五条规定："物业服务企业应当按照物业服务合同的约定，提供相应的服务。物业服务企业未能履行物业服务合同的约定，导致业主人身、财产安全受到损害的，应当依法承担相应的法律责任。"就本案而言，问题的关键就是物业服务企业有没有按照物业服务合同的约定，提供相应的服务。该小区的方先生停在小区指定车位上的车被盗，且交纳了物业、停车车位、保安等费用，说明该物业服务企业在车辆上存在疏漏，负有一定的责任，尽管保险公司赔付给方先生19.5万余元，业主方先生仍有权向物业服务企业索赔。

一、小区车辆管理存在的问题

虽然不少规范的物业服务企业基本上都已经建立了对住宅小区机动车辆管理的规章制度和办法，但仍然存在不少问题。在小区车辆管理环节存在的主要问题有以下几方面。

（一）车辆管理制度体系不健全

很多物业小区在车辆管理中，往往存在重收费、轻服务，无制度，不管理，在业主车辆停放管理与服务的环节存在诸多疏漏。例如，小区入口处无电子监控探头，没有车辆进出登记制度，未设立车辆限速、禁鸣标志，车辆进出通道未能独立划分等。目前，小区车辆被盗、车辆发生碰撞、违章停车、车内财物被盗等纠纷已经相当普遍。因此，小区物业服务企业应该建立健全车辆管理制度体系。

（二）车辆管理程序设置不合理

就目前而言，很多物业服务企业除了制作车辆标识牌、按月收取管理费用外，几乎没有与业主之间签订停车管理服务合同，物业服务企业难以对业主停放的车辆发生碰撞、拖欠停车费用、违章停车、车辆和车内财物被盗等情况，履行告知和提示责任，造成业主因车辆问题而向物业服务企业主张索赔的情况，随着物业小区车辆的增加和停车空间的紧张，这种矛盾和纠纷日趋增多，造成物业服务企业与业主之间的隔阂，不利于小区的物业管理与服务。作为物业小区的公司在车辆管理中的服务对象应该是小区业主，确保小区内业主车辆安全有序停放，为此，物业服务企业与业主有必要建立车辆管理的契约制度，通过合同约定明确双方的权利与义务。

物业服务企业与业主签订《车辆停放管理服务合同》，明确车辆停放的收费标准、缴款方式、滞纳金与其他违约责任，界定物业服务企业的管理和服务的责任范围，明确业主关于车辆停放权利与义务。

与此同时，小区内的外来车辆管理，可以通过完善小区内机动车辆停放点的通知或公告等提示标志，对外来车辆车主进行提醒等方式加强管理，减少车辆管理中的争议和纠纷的发生。

（三）车辆管理执行监管不得力

在调查中发现不少住宅小区普遍存在对车辆管理执行与监管不得力，车辆管理制度形同虚设，物业服务企业对员工的绩效考核与工作执行监管挂钩不紧，特别在对停车场保安管理上。这一方面问题比较突出的是，车辆管理制度执行不严格，保安允许车主随意停车，甚至还存在私自收费等现象。这些问题的存在，必将影响有车辆的业主对物业服务企业的评价，小区其他业主则对小区物业服务企业的管理能力和服务水平产生质疑和不满，这些都将影响到物业服务企业对小区的物业管理，甚至影响到小区物业管理权行使。

虽然物业服务企业保安行业的准入门槛低、保安管理素质比较差且流动性大，但物业服务企业可以通过岗前培训、明确职责和绩效考核等手段，在很大程度上改变物业小区一直以来存在的车辆管理执行与监管不力情况。

二、小区车辆管理纠纷的常见类型

（一）车辆划痕纠纷

由于业主与物业服务企业间的矛盾、业主与业主间的矛盾等，小区业主停放车辆遭受不法人员侵害、车身被划等纠纷日益增多。对此，物业服务企业应合理安排车辆停放区域，通过严格管理，尽可能降低车辆通行产生的噪音、尾气对相邻业主的干扰。同时对小区驶入车辆的车身状况予以注意，避免车辆“带伤”进场，引发索赔或“碰瓷”事件。

（二）车位所有权纠纷

1. 停车位所有权法律规定

《物权法》第七十四条规定：“占用业主共有的道路或者其他场地用于停放汽车的车

位，属于业主共有。”依此条款，如无业主大会的明确授权，物业服务企业不能再占有、使用或出租业主共有的车位。因此，2007 年 10 月 1 日之后发生的车位纠纷并不难处理。但目前的难题有两点：一是《物权法》能否适用于它实施之前的车位纠纷，亦即《物权法》能否溯及既往；二是在没有协议的情况下，如何来确定物业服务企业因看管车辆所产生的服务费。一般而言，民事法律规范不能溯及既往，而《物权法》又没有溯及力的特别规定，因此，对于在 2007 年 10 月 1 日之前发生的车位纠纷，不再适用《物权法》。

2. 车位纠纷焦点

简单说来，车位纠纷焦点主要体现在两个方面：一是产权归属问题；二是收益分配问题。其中收益分配问题成为引发车位纠纷的导火索和纠纷争论的核心。而产权归属又直接决定了车位收益分配的问题。所以，产权归属又成为车位纠纷案件争论的焦点，也是解决车位纠纷中的重点和难点。确定了车位的产权归属，也就比较容易确定收益分配了。

对于车位产权归属问题，《物权法》第七十四条规定：“建筑区划内，规划用于停放汽车的车位、车库应当首先满足业主的需要。建筑区划内，规划用于停放汽车的车位、车库的归属，由当事人通过出售、附赠或者出租等方式约定。占用业主共有的道路或者其他场地用于停放汽车的车位，属于业主共有。”依据此规定，停车位属于业主所有的情况必须满足车位占用了业主“共有的道路、共有的场地”这一条件。

3. 停车位的两种类型

（1）地上停车位。在楼盘建设开发时，对于规划用于停放汽车的车位（即不是占用业主共有的道路、场地），业主是没有所有权的。主张将建设规划的地上停车位归全体业主的观点是站不住的，也不会获得法律的支持。因此，地上停车位中规划用于停放汽车的车位不归全体业主所有，业主对住宅小区的土地只有使用权而没有产权，地上车位只能作为占地使用。因此，不管对开发商还是全体业主都不存在产权问题。

（2）地下停车位。地下车库的投资主体是开发商，如果车库的建设成本纳入了房屋建筑面积分摊，则车库所属权归分摊面积的全体业主；如果车库并没有纳入房屋建筑面积分摊，建造车库的成本没有摊入房价，则按照“谁投资，谁受益”的原则，开发商享有收益权。在楼盘销售时，开发商将车库有偿配售给业主，车库的产权也就随之归购买车库的业主所有。

需要说明的是，无论是地上停车位还是地下停车位，如果车位产权明确归开发商所有，首先应保证业主买房时对车位的优先配售权，优先满足业主使用。

4. 停车位的收益问题

虽然停车位的所有权和收益权密不可分，但并不一定意味着收益权归所有权人。在车位纠纷中有很大一部分是业主主张车位收益归全体业主所有，但业主主张车位收益所有权必须要满足相关要件，即首先是要明确车位归属全体业主，其次是需要在将物业收取的停车费扣除经营相关成本、管理酬金和税费后还有盈余，而且，主张的权利需要在《物业管理条例》颁发以后才能获得相关法律支持。《物业管理条例》第五十四条规定：“利用物业共用部位、共用设施设备进行经营的，应当在征得相关业主、业主大会、物业服务企业的同意后，按照规定办理有关手续。业主所得收益应当主要用于补充专项维修资金，也可以按照业主大会的决定使用。”

地上停车位中规划用于停放汽车的车位不管对开发商还是全体业主都不存在产权问题，开发商也没有收益权。因此，地上停车位中规划用于停放汽车的车位应当在《前期物业服务合同》中明确交由物业服务企业管理，收益除了经营相关成本、管理酬金和税费后如有节余，可作为专项维修资金的补充。

对于许多业主诉求因占用业主共用道路、共有场地的车位属全体业主共有而主张不交停车费或物业服务企业无权收取停车费的观点是完全错误的。首先，物业服务企业收取停车费的依据主要有两方面：一是与业主签订的车辆停放协议合同；二是物价部门制定的停车收费标准。其次，《物权法》第七十四条第三款规定车位属于业主共有，但是这个共有并不意味着每个业主都单独所有车位。因为小区内的道路或其他公用场地，虽然属于业主共有，但不是属于有车的业主共有。有车的业主或有多辆车的业主将车停放在业主共有的车位上，这在事实上侵犯了无车业主的共有权。同时不交停车费也会使得车位管理失去经费来源。

综上所述，在物业服务企业停车位管理纠纷中，在目前《物权法》和《物业管理条例》的相关法规规定下，首先明确停车位的所有权。而由于法规不明确、历史遗留问题等许多原因导致在部分停车位不能明确所有权的情况下（如利用人防设施建设的地下停车场）产生的收益纠纷，要本着尊重历史、考虑现实、减少物业纠纷的原则，通过少追究过去责任，多沟通、多协商的办法来解决现有问题。

（三）车辆被盗纠纷

目前小区车辆被盗的案例时有发生，这也成为小区业主和物业服务企业主要纠纷之一，但理论界和司法实践中对于车辆被盗后责任承担问题却存在不同的观点。一种观点认为：业主与物业服务企业之间成立车辆保管合同关系，物业服务企业对发生在小区的车辆被盗应当承担保管不善的责任；另一种观点认为：业主与物业服务企业仅成立服务与被服务的关系，物业服务企业仅在未尽到合理的管理义务时承担责任。两种观点的区别直接导致了赔偿责任与赔偿金额的不同。如果业主与物业服务企业之间成立保管合同，那么，根据保管合同的规定，物业服务企业就要承担车辆被盗的大部分甚至是全部损失；如果业主与物业服务企业只是成立服务合同的话，物业服务企业则承担管理不到位的责任，即使赔偿也只占实际被盗车辆的很小金额。笔者赞同后者的观点。主要理由如下：

第一，保管合同的实质构成要件，要求托管人实际转移保管物的占有，并且在领取保管物之前事先通知保管人。从小区车辆的停放的合同形式来看，业主通过向物业服务企业每月缴纳一定数额的停车费用，将车辆停放在小区指定位置。表面上看起来，物业服务企业好像已经实际管理车辆。但实际上，车辆管理权还是由车主本人掌握，并没有实际转移车辆的占有，车主还可以随时使用车辆，并不需要事先通知物业服务企业。上述特征与保管合同的构成要件大相径庭。

第二，从物业服务企业设立的目的来看，小区全体业主为了能够获得一个良好的居住与生活环境，委托物业服务企业对其小区进行管理、提供服务。物业服务企业履行职能是基于小区全体业主的委托，履行职能的目的也就是维护好全体业主或大多数业主的共同利益，如小区环境卫生、安全等。维护好小区居民的财产安全也就是物业服务企业的一项重要职责。但是物业服务企业是否负有绝对的安全和保管义务？这无疑是不现实的，事实上物业服务企业也不可能做到。正如世界上不可能有一劳永逸的安全手段一样，物业服务企业也不能承担起小区的所有安全任务。物业服务企业对与小区应尽基本的安全义务，如安排保安对小区进行连续巡逻，安置必要的小区周边监视装置，实行门卫登记制度等。除此之外，除非物业合同中有特别规定或者是物业服务企业的重大过失和故意，否则，物业服务企业不再承担责任。

第三，从权利义务相一致的原则分析，等价有偿是民事活动的一般准则。物业服务企业作为营利性的机构，自身要追求一定的经济利益。此时，经济利益的获取，表现为物业服务企业通过提供优质、良好的物业服务，来赢得大多数业主的认可，从而获取一定数额的物业管理费用。反过来，一定数额的物业管理费用也就在很大程度上决定了物业服务企业的服务手段和服务质量。从小区停车费缴纳的数额来看，通常是车主每月缴纳数十元到数百元不等的费用，该费用相对车辆的价值而言，自然微不足道。当物业服务企业在已经尽到管理义务情况下，再就车辆的价值进行赔偿，显然有失公平。另外，就停车费的性质而言，小区的资源归全体业主所有，车辆地面固定停放位置属小区全体业主所有，除对停车费有特别约定以外，停车费要纳入物业专项维修资金，归全体业主所有以用于公共设施的维修、更新，也就是说业主的停车费仍然是归业主所有，停车费并非保管费。物业服务企业作为小区业主的代理人，小区车位的划定与使用实际上是为了保障全体业主的利益、保障小区内空间的合理使用。

三、案例分析

案例8-7

近日，上海市某楼盘的地下停车库被开发商卖给了个人，使得小区的停车费用涨价，造成车库有空位而业主却无法停车的现象，侵害了业主的利益。而部分小区的公共配套设施比如商铺、会所等被出让给个人的现象也不在少数，并且出让之后因为这些公共配套设施的经营范围和功能的改变，不再作为小区的配套服务，由此引起的矛盾，也开始成为物业管理方面的主要焦点之一。该案应如何解决?

案例分析：这类纠纷其实牵涉的问题就是小区的公共配套设施的“主人”到底是谁的问题，究竟是开发商还是全体业主。在《物业管理条例》中，目前只对停车位作了相关的明确规定，即“小区内的机动车停车场（库），应当提供给本小区内的业主和使用人使用。停车位不得转让给小区外的单位和个人；停车位有空余的，可以临时出租给物业管理区域外的单位和个人”。而没有对共用设施和共用部位的权属等问题作出规定。

目前物业部分在共用设施、共用部位的权属问题还涉及维修和费用的承担问题。比如，哪些部位、设施、设备属于全体业主共同共有；哪些属于部分业主共同共有；未分摊共用建筑面积的地下停车库权属，应属全体业主还是属于开发商，如果属于全体业主，权证应如何发放、保管、使用，收益应如何处理，专项维修资金如何筹集、如何分摊。而对于开发商已出售的地下停车库应如何处理，对于开发商建设的地面多层钢结构移动车位的权属应如何认定，部分业主或个别业主是否能对此提起诉讼，部分业主或个别业主对共用设施、共用部位的收益如何处理能否提起诉讼等，目前尚没有明确规定。

案例 8－8

近日某商业大厦内的客户轿车丢失。当时客户进入大厦时大厦停车场的车辆管理员对该车辆进行了发卡工作，停车卡上写有："本大厦停车场只提供车辆的场地使用，不负责车辆的保管，请各位车主自行保管！"该客户现因车辆丢失向物业服务企业要求索赔，但是物业服务企业拒绝赔偿，于是双方发生激烈争执。该案例应如何处理？

案例分析：本案例争论的焦点是物业服务企业提供停车位构成的是"停车位有偿使用合同关系"还是"保管合同关系"。物业服务企业拒绝赔偿，就要证明其与客户仅是"停车位有偿使用合同关系"，那么需要在其经营范围、收费标准、对外明示及物业管理合同中提供相应的证据。

本案例物业服务企业提供的仅是停车位和停车秩序这种"停车位有偿使用合同关系"，这在写有"本大厦停车场只提供车辆的场地使用，不负责车辆的保管，请各位车主自行保管！"的停车卡上已经表明，事实上，停车位本身并未造成车辆灭失，车辆的灭失也不是因为停车秩序造成的，所以物业服务企业提供停车服务不是保管合同关系，物业服务企业没有对车辆进出进行检验的义务。如果物业服务企业停车场值班人员发现有人盗窃车辆而不及时制止、告知车主或报警，应是一种重大过失行为，但本案例中并不存在这一事实。所以，物业服务企业不应进行赔偿。

案例 8－9

业主鲍先生将自己的一辆丰田车停放在小区里划定的车位，每月都向小区物业服务企业交纳 100 元停车费。某日，鲍先生发现自己停在小区里的车不见了，找了一天也没有找到，估计被盗了，于是找到物业服务企业领导，提出赔偿被盗的车辆，价值 18.5 万元，物业服务企业领导对业主鲍先生每月缴纳 100 元停车费无异议，同时解释说：他们收取的是车辆"场地费"，不是保管费，车子被盗，与物业服务企业无关。业主鲍先生停在小区的车辆被盗，到底应该由谁负责？鲍先生应该采取什么措施保护自己的权益？作为物业服务企业管理人员又应该怎么处理这样的纠纷？

案例分析：业主鲍先生停在小区的车辆被盗，到底应该由谁负责？这首先要搞清楚业主鲍先生与物业服务企业签订的是车辆保管合同还是车辆服务合同。

业主鲍先生如果与物业服务企业之间成立车辆保管合同关系，物业服务企业则对发生在小区的鲍先生被盗车辆应当承担保管不善的责任；业主鲍先生如果与物业服务企业仅成立服务与被服务的关系，物业服务企业可以对此车辆被盗不承担赔偿责任，但要协助业主寻找被盗车辆和向保险公司索赔。

面对小区车辆被盗的纠纷，物业服务企业可从完善内部管理制度出发，避免一些不必要的赔偿风险。

（1）在《管理公约》《物业服务合同》中明确物业服务企业与业主车辆双方仅形成车位/场地使用关系，而非保管关系。

（2）在《物业服务合同》中对车位使用关系和车辆保管关系区别收费，业主选择车辆保管的，要付较高的费用。这样既体现了公平原则，由业主进行选择，又体现了自愿原则，法律效力很高。

(3) 物业服务企业的规章制度等文件上，不宜使用“看管”“保管”等字样，可使用“巡视”“检查”等字样。

(4) 在交给车主的停车卡或出入卡上提醒对方：“此卡只作收费记录使用，不作为双方形成保管关系的任何凭证。”在丢车纠纷诉讼中，车主提交的关键证据就是物业服务企业发给的停车卡或出入证，法院会以此卡认定物业服务企业凭卡已实际取得对车辆的控制，符合保管合同的成立要件，双方存在保管关系。所以卡片虽小但举足轻重。

(5) 在小区门口、停车场醒目位置安置警示牌，告知业主注意停车安全。

案例 8-10

住在某小区的严女士遇到一件令她十分气愤的事。某日赶着上班的严女士突然发现自己停在小区内的车的前车牌不见了，而车的挡风玻璃上还贴着一张手写的纸条，上面是一串银行卡号和电话号码，声明如果车主将 1 000 元钱汇入该账号，便保证 20 分钟内将车牌归还，并还特别注明“信誉保证”。严女士马上报了案，警方调查发现，最近附近小区内有十多辆车都被偷了车牌，而且每辆车上都贴了统一裁剪的纸条，纸条上的字迹均出自同一人之手。但警方一直没有破案，那么，严女士停在小区里的车的车牌被撬，小区物业服务企业有没有责任?

案例分析：近年来，车牌被撬事件时有发生。许多车主都遇到过或听说过和严女士类似的事情。虽然涉及金额不算大，却足够让人烦恼。车牌被撬了怎么办?

严女士立即报案，这是非常正确的，因为这样为警方破案提供了线索。小区物业服务企业应该为严女士重新申请车牌提供必要的服务，并承担一定的费用，因为在此案中，物业服务企业存在管理不到位的情况，负有疏忽的责任。同时，保安需要加强在夜间巡查。

四、案例实操

案例 8-11

某业主将其轿车停放在小区楼前，中午 13 时 40 分左右，楼上一块玻璃突然掉落，正好砸在轿车前挡风玻璃上，将挡风玻璃砸碎，并划伤了轿车的前盖。该玻璃系过道窗上的，此窗户是铁皮钢窗，年久失修。车主认为物业服务企业对小区进行了管理，并收取了物业管理费，对楼宇负有管理义务，楼宇公共部位的玻璃掉落砸坏轿车，应当赔偿车辆修理费用合计 760 元。小区物业服务企业是否应赔偿损失?

案件提示：法律规定，建筑物或者其他设施以及建筑物上的搁置物、置挂物发生倒塌、脱落、坠落造成他人损害的，它的所有人或者管理人应当承担民事责任，但能够证明自己没有过错的除外。

案件处理：

____

____

____

案例 8-12

某日 23 时 40 分，某小区业主将自己的车驶进小区，停放在地面车位后上楼休息。随后巡逻员发现车的后窗玻璃已经破碎，当即向值班班长汇报，并做了详细记录。考虑到车主可能已经就寝，且现场情况可以认定车窗是在车场以外损坏的，就没有向业主予以核对确认。

次日早晨 6 时 40 分，值班人员向车主通报其车辆后窗破碎。不料车主竟一口咬定是停进车位后被高空抛物所致，要求物业服务企业予以赔偿。值班人员拿出当天晚上查车记录加以说明，并让其仔细查看一直保护着的现场情况。车主却否认记录和现场具有真实性。一方据理评说，一方拒不认账，一时难以扯清。该案应如何解决？

案件提示： 遇到一些可能产生争议的问题时，应从一开始就注意搜集和留存相关证据。有了证据，一旦出现纠纷，处理起来就可以省去许多麻烦。因为，事实胜于雄辩。若对方硬要拿不是当理说，有据为证的事实就是最有说服力的回答。尽量不打扰业主，并不是就不能打扰。发现这样事情，还是打扰一下为好。当时打扰一下，可能就少了后面的麻烦。遇有治安问题纠缠不清，及时请权威机关来处理是最好的办法。

案件处理：

____

____

____

任务四　物业管理客户投诉与处理

案例导学

某大厦承租负一、负二层的大商户，为了扩充空间，在装修时把大厦承重钢柱外层的防火层全部砸掉。物业服务企业多次向其指明，擅自砸掉防火层会使原有钢柱变细，一方面影响大厦承重，另一方面还将造成火灾隐患。但该租户认为，自己租用了整层楼，柱子在自己租用范围内，可以自己说了算。在多次劝阻无效的情况下，物业服务企业只得停电清场，并将此情况向主管消防部门反映。消防部门强制命令，迫使该租户恢复了承重柱原貌。随后该租户分别向负一、负二层业主及业主委员会投诉，说物业服务企业故意为其工作设置障碍，并以退租相威胁，又引起业主委员会对物业服务企业的投诉。本案应如何处理？

评析：

房屋客户有权对自己的房屋进行装修，但其装修不能侵犯其他业主利益，甚至破坏房屋的结构，影响房屋的安全和正常使用。为保证房屋安全和业主的共同利益，业主和客户在装修前应向物业服务企业提出装修申请并取得批准。

本案例中租户未按物业服务企业审批方案进行装修，擅自修改大厦主体结构，破坏大厦消防设施，严重影响了大厦安全。物业服务企业采取上述做法，应该说是合理的。但如果物业服务企业在处理此事前与业主或业主委员会协商，得到业主或业主委员会的支持，那就会减轻物业服务企业与租户和业主的矛盾和误会，使事情处理得既合理又合情，效果会更好。

物业服务企业收到租户和业主投诉后，应马上与租户、业主及业主委员会会面，向业主和业主委员会介绍了事情经过，并明确表示：物业服务企业在租户违章时采取必要措施，是为了维护大厦大多数业主的利益，符合《业主公约》和《物业管理服务委托合同》要求，希望得到业主和业主委员会的支持。

政府有法规明令禁止装修损毁或改变大厦主体结构及消防设施，禁止装修损害公众利益。租户在装修中，理应遵守，不应该超越装修审批范围擅自施工。

物业服务企业应为自己的工作做法向租户和业主表示歉意，应承诺今后再遇到此类情况，将先与业主和业主委员会沟通，经业主和业主委员会同意后报告政府主管部门处理。

一、客户投诉概述

“客户至上，专业服务”是所有物业服务企业的服务宗旨，要使客户满意，除了要提供优质高效的服务外，还要正确处理好客户的投诉。

投诉处理是一项集心理学、社交技巧于一体并体现服务人员道德修养、业务水平、工作能力等综合素养，给投诉者所提问题予以妥善解决或圆满解答的工作。处理投诉工作的原则是依法办事；宗旨是服务客户；目标是杜绝有效投诉；从而提高管理单位的声誉及社会影响。

（一）客户投诉的定义

客户因对物业服务企业的服务需求或不满等，通过各种方式向有关部门反映的行为，称之为投诉。客户投诉的方式包括来电、来访、来函、其他（如登报）等。

（二）客户投诉的分类

1. 按投诉的性质分类

按投诉的性质，可分为有效投诉和沟通性投诉。

（1）有效投诉有两种情况：

1）客户对物业服务企业在管理服务、收费、经费管理、维修养护等方面失职、违法、违纪等行为的投诉，并经过有关行业主管部门查实登记的。

2）客户提出的管理单位或管理人员故意、非故意，或失误造成客户或公众利益受到损害的投诉。

（2）沟通性投诉有求助型投诉、咨询型投诉和发泄型投诉。

1）求助型投诉，即投诉者有困难或问题需给予帮助解决的。

2）咨询型投诉，即投诉者有问题或建议向管理部门联络的。

3）发泄型投诉，即投诉者因受委屈或误会等，内心带有某种不满，要求问题得到解决的。

沟通性的投诉若处理不当，会变成有效投诉，所以必须认真处理沟通性投诉。

2. 按投诉的内容分类

（1）对设备的投诉。

客户对设备的投诉主要包括空调、照明、供水供电、电梯等，即使我们建立了对各种设备的检查、维修、保养制度，也只能控制此类问题的发生，而不能保证消除所有设备潜在的问题。

（2）对服务态度的投诉。

客户对服务态度的投诉主要包括不负责任的答复行为、冷冰冰的态度、爱理不理的接待方式等。由于管理人员与客户都由不同个性的人组成，所以，此类投诉随时都可能发生。

（3）对服务质量的投诉。

客户对服务质量的投诉主要包括维修的质量、邮件未能及时送到客户手中等。减少客户对服务态度与服务质量的投诉的最好方法是加强对服务人员的培训。

（4）对突发性事件的投诉。

客户因某些突发事件，如停电、停水等带来的生活、工作的不便而进行的投诉。

（三）客户投诉的意义

（1）投诉能指出物业服务企业在服务过程中应改善的环节。

（2）投诉是客户给予物业服务企业再度提供改善服务的机会，使有意见客户重新接受该企业。

（3）投诉给物业服务企业机会，让客户信任物业服务企业。

二、客户投诉的处理

（一）处理客户投诉的基本原则

1. 真心诚意地帮助客户解决问题

客户投诉，说明物业服务企业工作尚有漏洞，说明客户的某些要求尚未被满足。物业管理人员都应理解客户的心情，努力识别及满足他们的真正需求，满怀诚意地帮助客户解决问题。只有这样，才能赢得客户的信任与好感，才能有助于问题的解决。

2. 把“对”让给客户

客户因为不满才会来投诉，有时客户的情绪会失控，这时，物业管理人员不该失控，要进行换位思考，从对方的角度去理解问题。即使客户言谈中有不对的地方，也要把“对”让给客户，与客户争议只会激发矛盾。

3. 不损害公司的利益

解决客户投诉，目的是帮助客户解决问题，树立物业服务企业良好的社会形象，因此，在解决的问题的过程中也不能一味地迁就客户，而应坚持有理有据有节的原则，妥善地解决问题，争取得到客户满意，企业又不蒙受损失的双赢结果。

（二）客户投诉处理的目的与适用范围

规范投诉处理工作，确保客户的各类投诉能及时、合理地得到解决。其范围适用于客户针对公司管理服务工作的有效投诉处理。

（三）客户投诉处理的分工与职责

（1）物业部经理负责处理重要投诉。

（2）服务处主管负责协助经理处理一般轻微投诉及每月的投诉统计、分析、汇报工作。

（3）物业部相关主管负责协助服务处主管和物业部经理处理本部门的被投诉事件，并及时向服务处反馈投诉处理信息。

（4）服务处客户服务中心接待员负责投诉现场接待工作。

（四）客户投诉纠纷的处理方式

物业管理由于其活动范围的广泛性、服务对象的复杂性，其过程中的纠纷也往往是多种多样的，针对不同类型纠纷应采取不同的措施进行处理。一般而言，处理纠纷的方式大体可分为四个层次。

1. 纠纷双方协商和解

无论是业主间还是业主与物业服务企业间，或是业主与其他第三者间的纠纷，最好是通过双方的友好沟通和协商，使纠纷得到圆满解决。

2. 物业管理纠纷的调解

物业管理民事纠纷的调解，包括民事调解和行政调解两种。民事调解由争议双方当事人共同选定一个机构、组织和个人，由第三方依据双方的意见和授权提出解决意见，经双方同意并执行，由此化解纠纷。但此种方式的调解不具有法律效力。调解结束后，当事人一方如不执行，则前功尽弃。

物业管理纠纷的行政调解则是申请由政府主管部门进行调解处理，但这种处理如一方不遵守执行，则要借助其他手段解决。

民间的调解和行政调解与仲裁或诉讼程序中的调解是不同的。仲裁或诉讼中的调解是仲裁程序中的一个环节，不具有独立性。

3. 物业管理民事纠纷的仲裁

可以通过仲裁途径解决的应是民事性质的争议，主要是基于合同的纠纷或财产权益纠纷。依据我国《仲裁法》的规定，平等主体的公民、法人或其他组织之间发生的合同纠纷和其他财产权益纠纷，可以仲裁。

仲裁庭管辖物业管理纠纷的依据是当事人认定的仲裁协议。仲裁协议有两种方式：一种是在订立合同时就约定一个条款，说明一旦有争议就提交仲裁，这叫仲裁条款；另一种是双方当事人出现纠纷后临时达成提交仲裁庭的书面协议。仲裁协议要写明以下内容：请求仲裁的意思表示；仲裁事项；选定的仲裁委员会。达成仲裁协议的争议，不得向法院起诉；即使起诉，法院也不受理。

4. 物业管理纠纷的诉讼

当事人通过诉讼方式解决民事、行政纠纷是较常见的方式。诉讼的管辖是人民法院。

与仲裁明显不同，人民法院对已提交诉讼的当事人的管辖是强制性的。

物业管理民事纠纷的诉讼程序大体上有以下几个步骤：

（1）当事人一方（原告）提交起诉状，起诉至法院；

（2）法院审查立案后将起诉状副本送达被告；

（3）被告提交答辩状；

（4）开庭：调查、辩论、调解；

（5）制作调解书或一审判决书；

（6）双方均不上诉，则判决书生效，或一方不服提起上诉，进入第二审程序；

（7）第二审审理：制作二审调解书或下达二审判决书，此为终审判决，不得上诉；

（8）执行。

无论仲裁还是司法诉讼，均应贯彻合法公正的原则，即以事实为根据，以法律为准绳。由于物业管理法规规章不健全，实践中应注重民法、房地产法、合同法等一般法律与物业管理专门法规及地方法规规章的衔接，并依据宪法处理好法规的效力认定和冲突的解决；同时，在诉讼或仲裁活动中，对业主、业主大会、业主委员会的代表地位和诉权、请求权行使要有明确的了解和认可，处理好单个业主的意见与小区业主意志的关系，确认业主委员会在物业管理纠纷中的代表地位，以便及时处理纠纷，理顺关系，建立良好的物业管理和权利义务关系。

以上几种方式孰优孰劣，难作评定，当事人可以自己决定。自行协商和解是双方直接对话解决纠纷的方式，而后面三种则是借助第三方解决纠纷的方式。但在实践中，我们须注意目前管理中的一些常见做法是否符合法律法规，不可盲目地照搬。如对于违反管理办法和业主公约等规定者或是拖欠或拒交各种应交费者，有些地方往往给予违反规定者或拖欠者取消部分业主权利或给予罚交滞纳金处罚。这种方式虽然有时有效，但与一些政府法规不符，应当慎用，如果想采用这种办法，则最好将有关条款写进业主公约，待业主签约认可后再付诸实施，或在委托合同中明确规定有关处罚条款。而停水、停电和停气等处理办法，是绝对不可采用的。

（五）客户投诉处理的程序

1. 投诉界定

（1）重大投诉。下列投诉属重大投诉：

1）物业服务企业承诺或合同规定提供的服务没有实施或实施效果有明显差错，经客户多次提出而得不到解决的投诉；

2）由于物业服务企业责任给客户造成重大经济损失或人身伤害的；

3）有效投诉在一个月内得不到合理解决的投诉。

（2）重要投诉。是指因物业服务企业的管理服务工作不到位、有过失而引起的投诉。

（3）轻微投诉。是指因物业服务企业的设施、设备和管理水平有限给客户造成的生活、工作轻微不便而非人为因素造成的影响，可以通过改进而较易得到解决或改进的投诉。

2. 投诉接待

（1）当接到客户投诉时，接待员首先代表被投诉部门向客户表示歉意，并立即在《客户投诉意见表》中作好详细记录，记录内容如下：投诉事件的发生时间、地点；被投诉人或被投诉部门；投诉事件的发生经过（简单明了地叙述）；客户的要求；客户的联系方式、方法。

接待客户时应注意：请客户入座，耐心倾听客户投诉，并如实记录；必要时，通知服务部主管或物业部经理出面解释；注意力要集中，适时地与客户进行交流，不应只埋头记录。

（2）投诉的处理承诺：

1）对于重大投诉，当天呈送公司总经理进入处置程序；

2）对于重要投诉，接待后1小时内转呈主管经理进行处置程序；

3）对于轻微投诉，在2天内或在客户要求的期限内解决。

客户服务部接待员根据投诉内容在10分钟内将《客户投诉意见表》发送到被投诉部门，领表人在《投诉处置记录表》签收记录。客户服务部接待员应将重大投诉及重要投诉经服务处主管当天转呈公司总经理或物业部经理。

3. 投诉处理内部工作程序

（1）被投诉部门负责人在时效要求内将内容处理完毕，并按《客户投诉意见表》对投诉处理过程做好记录。在投诉处理完毕的当天将《客户投诉意见表》交到客户服务部。接待员收到处理完毕的《客户投诉意见表》后，应在《投诉处置记录表》记录。

（2）公司总经理、物业经理在接到重大投诉和重要投诉后应按公司《不合格纠正与预防标准作业程序》文件的规定处理。

（3）客户服务部接待员收到被投诉部门投诉处理的反馈信息后，将情况上报客户服务部主管，并在当天将处理结果通报给投诉客户。通报方式可采用电话通知或由巡楼组人员上门告之。

（4）客户服务部主管在投诉处理完毕后通知客户服务部巡楼组安排回访。在每月30日前对投诉事件进行统计、分析，将统计、分析结果上呈主管经理，并将《客户投诉意见表》汇总上交品质部，由品质部长期保存。

（5）其他形式的投诉（如信函），客户服务部参照本程序办理。

4. 投诉的处理时效

（1）轻微投诉一般在2日内处理完毕，超时需经物业部经理批准。

（2）重要投诉一般在3日内处置完毕，超时需经总经理批准。

（3）重大投诉应当在2日内给投诉的客户明确答复，解决时间不宜超过10日。

三、客户投诉的立项和销项规定

（一）目的与适用范围

规范对客户投诉处理、跟进的管理工作，提高服务质量，保证有求必应，有始有终。其范围适用于各管理处对投诉案的处理。

（二）立项与销项的定义

立项是指客户服务部人员接到各有关人员或客户的投诉后，按有关规定需要进行完整的处理和跟进，为此在《投诉记录表》上进行详细记录，称为立项。

销项是相对于立项而言的，一个是始，一个是终。经立项的投诉事项，必须按有关程序处理和跟进，当处理完毕后再反馈回客户服务部人员处时，按规定在原立项案下记录处理的完成情况和时间，并由客户服务部人员签名，如因种种原因而无法处理的投诉案件要由部门负责人签名，称作销项。

（三）客户服务部人员的职责

客户服务部值班人员要详细了解投诉案的情况，根据物业服务企业的有关规定判断是否立项。立项后要认真、负责地跟进，问题解决后也要了解清楚情况，予以记录和销项。

客户服务部负责人要经常定期、不定期地检查有关人员在处理投诉过程中的立项、销项情况，查阅记录，加强业务指导，完善责任制，根据工作情况给予相关人员奖惩，使投诉的管理有始有终。

（四）工作程序

1. 立项的条件与规定

（1）当接到口头/电话投诉后应立即填写《投诉记录表》，确定立项/不立项的条件如下：

1）需要派人到现场进行处理或施工，在处理过程中要求跟进和质量检验的投诉案都要立项。

2）各级领导、有关人员发现的问题，在通知了调度人员后，需要处理跟进的事项都要立项。

3）客户反映问题、疑问查询后，认为有必要跟进处理的问题要立项。

4）紧急求救的处理要立项。

5）在企业权力、责任范围以外的事，客户要求帮助了解和查询的事项要立项。

6）投诉事项经有关人员解释后，客户认为已无问题并不需要跟进，不用立项。

（2）立项的规定：

1）客户服务部人员在接到指令或投诉后，要尽可能详细地了解事情的真相，以确定口头解释、立即立项或是弄清情况后再立项等处理方法和步骤。

2）当无法确定如何处理或是否立项时，要立即请示主管或部门负责人，以确定是否立项。

3）指令和投诉案一经立项，有关人员就有责任跟进、催办，直到销项。绝不能拖着不办，不了了之。

2. 销项的条件与规定

（1）销项/不能销项的条件：

1）立项的案件已处理完毕，投诉人已在《维修服务单》上签名认可，副本已送到客户服务部人员处，可以销项。

2）非维修立项案件，在接到有关单据、文字或主管人员的口头/电话通知后，经了解事情属实，可以销项。

3）在处理某一立项案件时，同时又发现连带或是其他问题，如新问题已上报立项，原案件已处理完毕，可以销项。

4）在处理立项案件中，如发现连带或其他问题，继续在处理中，又无法重新立项，此案件不能销项。

5）重大事项在处理完毕后，经请示部门负责人同意后才可以销项。

（2）销项的规定：

1）已立项案件在未处理完成之前，任何人无权随便销项。

2）立项案件在处理完成后，除符合以上所提条件，尚需经过核实，才能销项。

3）立项案件如因种种原因而无法处理（或暂时无法处理）下去，可做好记录，每季度一次经管理处负责人协调同意后才能销项。

项目小结

物业管理纠纷是指物业管理法律关系主体在物业管理、服务、使用过程中产生的权利与义务方面的争议。物业纠纷具有以下特点：高发性、群体性、多样性。物业管理纠纷的常见类型有业主拖欠物业管理费用而产生纠纷；业主违章搭建或擅自改变房屋结构而致纠纷；车辆保管纠纷；装修管理纠纷。物业管理纠纷处理的依据主要包括以下几种：物业服务合同，管理规约，法律，行政法规，地方性法规，规章，司法解释，行业惯例。物业管理纠纷的处理方式主要包括诉讼方式与非诉讼方式。前者是指当事人通过向人民法院提起诉讼的方式来解决物业管理纠纷。后者主要包括协商、仲裁等方式。客户因对物业服务企业的服务需求或不满等，通过各种方式向有关部门反映的行为，称之为投诉。处理客户投诉应遵循以下原则：真心诚意地帮助客户解决问题；把“对”让给客户；不损害公司的利益。客户投诉处理的程序包括以下几个环节：投诉界定；投诉接待；投诉处理内部工作程序；注意投诉时效。

职业实训练习

- **实训目的**

（1）了解物业管理纠纷的类型；

（2）掌握处理物业管理纠纷中涉及的主要法律规定；

（3）学会处理简单的物业管理纠纷。

- **实训内容**

组织一场物业管理纠纷的辩论会。

- **实训要求**

（1）从物业服务企业管理过程中收集一个真实的案例；

（2）安排一个模拟辩论会现场。

项目九

物业交易法律制度

学习目标

知识目标：掌握物业交易的概念、特点和原则；熟悉三种物业交易合同的主要内容，物业转让、物业抵押登记制度和物业租赁登记备案制度；掌握物业转让、物业租赁和物业抵押的条件、基本程序和交易双方的权利和义务。

能力目标：熟悉并掌握物业转让、物业租赁和物业抵押的基本流程；能草拟物业转让、物业租赁和物业抵押的简单合同；会办理物业转让、物业租赁和物业抵押的有关手续。

任务一　物业交易概述

案例导学

盛某（男，55岁）有房屋15间。盛某家庭有5口人（盛某之母曾某，儿子盛甲，儿媳谢某，女儿盛乙）均无固定工作，全家生活基本上靠租房收入维持。2008年12月，盛某被检查出患肺癌，医生说因为该病发现早，如果采取及时治疗，也许能治好。但治疗肺癌需要很多费用。盛某之子盛甲和女儿盛乙认为，母亲死得早，父亲一人把他们从小抚养大，吃了不少苦，不容易，提出把房屋卖掉给盛某治病。儿媳谢某认为，一家人没有工作，如果把房屋卖了，生活就没有着落，不同意卖。盛某之母曾某看见儿子生病，心里很着急，主张卖掉5间给盛某治疗。盛某觉得自己生病，而且是癌症，治好了也没有用，反而给家庭带来生活困难，提出不治了。试问：盛某对其15间房屋在法律上存在哪些处理方式？

评析：

物包括不动产和动产。房屋作为不动产物，依据《物权法》权利人可依法对特定的物享有直接支配和排他的权利，包括所有权、用益物权和担保物权。本案中，由于盛某治病而需要费用，盛某对自己的15间房屋在法律上可以采取物业转让、物业租赁和物业抵押和物业典当等处理方式。

一、物业交易的概念

物业交易主要包括地产交易和房产交易两个方面，其中这里应主要了解和掌握的是房产交易。但一般来说，房产交易往往是与地产交易相关联的。我国现行法律明确规定：房地产转让、抵押时，房屋所有权和该房屋占用范围内的土地使用权同时转让、抵押。

物业交易是指以物业为对象进行的转让、租赁和抵押等各种民事法律行为。物业交易既包括房产使用权的转让，也包括房产所有权的交易。我国《城市房地产管理法》规定：城市房地产交易包括房地产转让、房地产抵押和房屋租赁三种形式。

二、物业交易的特点

就物业交易行为而言，物业交易与普通商品交易均为平等主体之间的民事法律行为，交易双方之间的关系是民事法律关系，在交易中应遵守平等、自愿、公平、等价有偿、诚实信用等原则，但与普通商品交易相比，物业交易又具有以下特点。

（一）对象的特殊性

一般商品的交易，其标的物通常是动产，交易时往往要发生空间的移动，交易标的物从一方转移到另一方。物业交易则不同，它的标的物房产和地产，属于不动产，其位置是固定的，不能移动或者一旦移动将导致物的性质与用途发生改变，乃至经济价值的减少或丧失。因此，无论是交易中或交易后，也无论这种交易以何种形式进行，交易的对象都不会发生空间上的移动。交易完成的标志是房地产权利主体的依法变更。

（二）形式的确定性

物业交易的主要形式包括物业转让、物业抵押和物业租赁。因此，在法律上必须先确定物业交易的具体类型，然后才能确定可适用的物业交易规范。

（三）行为的要式性

物业商品与一般商品相比，其价值比较大且持久耐用，因此，物业交易须通过合同形式来实现。法律规定：物业转让、物业抵押等合同必须采用书面形式，其权属变动必须办理过户登记手续，未办理过户登记手续的，不发生物业权属转移。

三、物业交易的原则

物业交易主体是平等的主体，交易双方之间的关系属于民事法律关系，在交易过程中要遵守平等、自愿、公平、等价有偿、诚实信用等一般原则。但是，物业作为一种特殊的商品，交易还应遵守以下两个原则。

（一）房地一体原则

由于土地与房屋等建筑物在物质形态上具有不可分割性，客观上在物业转让、抵押交易中必须一并转移，即转让土地使用权时，同时转让土地上的房屋所有权；转让房屋所有权时，房屋所占用范围内的土地使用权一同转让；房地产抵押时，房屋所有权与土地使用权应同时抵押。

《城市房地产管理法》第三十二条规定："房地产转让、抵押时，房屋的所有权和该房屋占用范围内的土地使用权同时转让、抵押。"

《物权法》第一百四十七条规定："建筑物、构筑物及其附属设施转让、互换、出资或者赠与的，该建筑物、构筑物及其附属设施占用范围内的建设用地使用权一并处分。"

《物权法》第一百八十二条第一款规定："以建筑物抵押的，该建筑物占用范围内的建设用地使用权一并抵押。以建设用地使用权抵押的，该土地上的建筑物一并抵押。"

（二）依法登记原则

依法登记原则就是房地产转让与抵押必须依法办理法定登记手续，房屋租赁必须向房产管理部门登记备案。国家实行土地使用权和房屋所有权登记发证制度，这是由房地产本身的特殊性决定的，房地产的权属状态不是通过占有表现出来的，而是通过权属的登记表现出来的。因此，无论是何种形式的房地产交易，都必须通过房地产行政主管部门登记。

《城市房地产管理法》第三十六条规定："房地产转让、抵押，当事人应当依照本法第五章的规定办理权属登记。"

《物权法》第九条第一款规定："不动产物权的设立、变更、转让和消灭，经依法登记，发生效力；未经登记，不发生效力，但法律另有规定的除外。"

任务二　物业转让

案例导学

林某（男，35岁）与季某（女，32岁）2003年结婚。2004年，林某以经营所得购买住房一幢，产权人登记为林某和季某。2008年，林某将该房屋给情妇余某居住，季某得知，大为不满，但未表态。2009年6月余某为免纠纷，要求林某暗中将房屋过户给自己。2009年10月，林某发生了车祸，抢救无效死亡。季某发现房屋产权已变更，遂诉至法院要求余某返还房屋。此案应如何处理？

评析：

此案涉及物业转让问题。所谓物业转让是指物业权利人通过买卖、赠与或者其他合法方式将其物业转移给他人的行为。物业转让的方式通过买卖、赠与及其他合法方式。其中，最主要的方式是买卖转让。本案林某暗中将与季某共有的房屋过户给其情妇余某，采取的是欺骗手段，不符合《合同法》和《物权法》的规定，因此，该房屋物业转让无效。

一、物业转让概述

（一）物业转让的概念

物业转让是指物业权利人通过买卖、赠与或者其他合法方式将其物业转移给他人的行为。物业转让这个概念包含了以下几层含义：

（1）物业转让的主体是物业权利人，即物业所有权人，只有物业所有权人才能行使此项权利，非物业所有权人未经授权无权行使此项权利。

（2）物业转让的客体是物业所有权和使用权。

（3）物业转让的形式必须合法，即合同形式，并办理权属登记手续。

（4）物业转让的后果是物权属发生转移。转让后，转让人不再是权利人，而受让人成为权利人。

（二）物业转让的方式

物业转让的方式通过买卖、赠与及其他合法方式。其中，最主要的方式是买卖转让。

（1）物业买卖转让是指转让人将物业所有权和使用权转移给受让人所有，受让人取得物业权利并支付相应价款的行为。

（2）物业赠与转让是指赠与人自愿将物业所有权和使用权无偿转移给受赠人的行为。

（3）物业转让的其他合法方式主要包括：1）以物业所有权和使用权作价入股；2）一方提供土地使用权，他方提供资金合伙经营；3）企业被收购、兼并或合并，物业权属随之转移的；4）以物业抵债的；5）物业继承；6）法律、法规规定的其他情形。

二、物业转让的条件

物业转让的条件包括物业转让的必备条件、物业转让的限制条件和物业转让的禁止条件。

（一）物业转让的必备条件

物业转让的行为应具备三个条件：一是行为人具有相应民事行为能力；二是意思表示真实；三是不违反法律或社会公共利益。由于物业是一种特殊商品，其转让除满足上述三个条件之外，还应具备以下条件。

1. 以出让方式取得的土地使用权的物业转让的必备条件

根据《城市房地产管理法》规定，以出让方式取得土地使用权的，应当符合下列条件方可转让：

（1）按出让合同约定已经支付全部土地使用权出让金，并取得土地使用权证书。

（2）以出让方式取得土地使用权用于投资开发的，属于房屋建设工程的，应完成开发投资总额的25%以上；属于成片开发土地的，应依照规划对土地进行开发建设，完成供排水、供电、供热、道路交通、通信等市政基础设施、公用设施的建设，达到场地平整，形成工业用地或者其他建设用地条件。

（3）转让房地产时房屋已经建成的，应当持有房屋所有权证书。

2. 以划拨方式取得土地使用权的物业转让的必备条件

以划拨方式取得土地使用权的物业转让时，应当符合下列条件：

（1）土地使用者为企业、公司、其他经济组织和个人；

（2）领有国有土地使用权证；

（3）具有地上建筑物、其他附着物合法产权证明；

（4）必须经有审批权的人民政府审批。

以划拨方式取得土地使用权的物业转让有两种不同的处理方式：一是办理土地使用权出让手续，变划拨土地使用权为出让土地使用权，由受让方缴纳土地使用权出让金；二是不改变原划拨土地的性质，不补办土地使用权出让手续，但必须将转让所获收益中的土地收益上缴国家或作其他处理。

依照《城市房地产转让管理规定》，以划拨方式取得土地使用权的物业转让属下列情形之一的，可以不补办出让手续，按土地收益上缴或处理的办法办理：

（1）经城市规划行政主管部门批准，转让的土地用于国家机关用地和军事用地，城市基础设施用地和公益事业用地，国家重点扶持的能源、交通、水利等项目用地，法律和行政法规规定的其他用地；

（2）私有住宅转让后，仍用于居住的；

（3）按国务院房改有关规定出售公有住宅的；

（4）同一宗土地上部分房屋转让而土地使用权不可分割转让的；

（5）转让的房地产暂时难以确定土地使用权出让用途、年限和其他条件的；

（6）根据城市规划土地使用权不宜出让的；

（7）县级以上人民政府规定暂时无法或不需要采取土地使用权出让方式的其他情形。

对于暂不办理土地使用权出让手续的，应当将土地收益上缴国家或作其他处理，并在合同中注明。

（二）物业转让的限制条件

（1）房地产开发商开发经营的商品房，属于内销商品房的只准卖给境内法人或个人，属于外销商品房的，持其《外销商品房销售许可证》或外销批文，应当卖给境外的法人或个人。

（2）房屋所有权人出卖已出租的城市私有房屋，须提前 3 个月通知承租人，在同等条件下，承租人有优先购买权。出租人未按此规定出卖房屋，承租人可以请求人民法院宣告该房屋买卖行为无效。

（3）城市私房共有人出卖共有房屋的，在同等条件下，其共有人有优先购买权。

（三）物业转让的禁止条件

根据《城市房地产管理法》第三十八条的规定，下列房地产不得转让：

（1）以出让方式取得土地使用权的，不符合本法第三十九条规定的条件的；

（2）司法机关和行政机关依法裁定、决定查封或者以其他形式限制房地产权利的；

（3）依法收回土地使用权的；

（4）共有房地产，未经其他共有人书面同意的；

(5) 权属有争议的;
(6) 未依法登记领取权属证书的;
(7) 法律、行政法规规定禁止转让的其他情形。

三、物业转让的程序

根据《城市房地产管理法》和《城市房地产转让管理规定》,物业转让一般要经过以下程序。

(一) 洽谈

洽谈是指转让人和受让人就转让标的进行磋商,其中,最主要的是对标的物的价款等内容进行协商。

(二) 签约

签约是指转让人和受让人就物业转让签订书面转让合同,明确双方的权利和义务。

(三) 审核

(1) 物业转让当事人在物业转让合同签订后 30 日内持房地产权属证书、当事人的合法证明、转让合同等有关文件向房地产所在地的房地产管理部门提出申请,并申报成交价格。

(2) 房地产管理部门对提供的有关文件进行审查,并在 15 日内作出是否受理申请的书面答复,15 日内未作书面答复的,视为同意受理。

(3) 房地产管理部门核实申报的成交价格,并根据需要对转让的物业进行现场勘察和评估。

(四) 缴纳税费

经过房地产管理部门审核后,物业转让当事人按照规定缴纳有关税费。

(五) 办理权属登记手续

房地产管理部门办理房屋权属登记手续,核发房地产权属证书。

凡物业转让的,必须按照规定的程序先到当地房地产管理部门办理交易手续,申请转移登记,然后凭变更后的房屋所有权证书向同级人民政府土地管理部门申请土地使用权转移登记。

四、物业转让合同

(一) 物业转让合同的含义

物业转让合同是指物业转让当事人之间就物业转让的事宜签订的协议。物业转让时,应当签订书面转让合同。

(二) 物业转让合同的内容

《城市房地产转让管理规定》第八条规定,房地产转让合同应当载明下列主要内容:

（1）双方当事人的姓名或者名称、住所；

（2）房地产权属证书名称和编号；

（3）房地产坐落位置、面积、四至界限；

（4）土地宗地号、土地使用权取得的方式及年限；

（5）房地产的用途或使用性质；

（6）成交价格及支付方式；

（7）房地产交付使用的时间；

（8）违约责任；

（9）双方约定的其他事项。

物业转让合同示范文本如下。

房屋转让合同（范本）

卖方：　　　　　　　　　　（以下简称甲方）

买方：　　　　　　　　　　（以下简称乙方）

见证方：（以下简称丙方）

甲乙双方经友好协商，就甲方向乙方转让甲方私人房产一事达成以下条款：

第一条　甲方对产权的声明

甲方根据国家规定，已依法取得________市________区（县）的房屋所有权证书，所有权证书________字第________号。该房屋的结构为 __________________，建筑面积为________平方米。

第二条　甲方对买卖权的声明

甲方保证该房屋符合国家及市房屋上市的有关规定及政策法规，甲方有权将该房屋上市交易。由于违反国家及市相关政策法规而引起的法律及经济责任由甲方来承担。

第三条　乙方对购买权的声明

乙方愿意在本合同第一条款及第二条款成立的前提下，就向甲方购买上述房屋的完全产权之事签订本协议，并认可仅在此种情况下签订才具有法律效力。

第四条　房屋售价

双方同意上述房屋售价为每建筑平方米人民币____元，价款合计为人民币____元（大写____佰____拾____万____仟____佰____拾元整）。

第五条　付款方式

（一）无须银行贷款

1. 乙方应在签订《房屋买卖合同》时，支付相当于总房款的10%的定金。

2. 乙方应在办理立契过户手续前3个工作日内，支付剩余90%房款。

（二）银行贷款

1. 乙方应在签订《房屋买卖合同》时，支付相当于总房款的10%的定金。

2. 乙方应在办理立契过户手续前3个工作日内，支付首期房款。

3. 银行贷款部分房款按银行规定由银行直接支付。

第六条　违约责任

1. 甲、乙双方合同签订后，乙方中途悔约，应书面通知甲方，甲方应在3个工作日内，将乙方的已付款（不计利息）返还乙方，但购房定金归甲方所有。甲方中途悔约，应书面通知乙方，并自悔约之日起3个工作日内应将乙方所付定金的双倍及已付款返还给乙方。

2. 乙方如未按本协议第五条款规定的时间付款，甲方对乙方的逾期应付款有权追究违约利息。每逾期一天，乙方应支付甲方所应付房款的0.4‰作为滞纳金，逾期超过15天，即视乙方违约，定金不予返还。

3. 甲方应在获得全部房款后3个工作日内将房屋搬空，每逾期一天，甲方应按乙方已付房款的0.4‰向乙方付滞纳金，逾期超过15天，即视甲方违约，乙方可要求法院强制执行。

第七条 房屋交付

甲乙双方就房屋交付达成以下细目：

(1) 没有房屋欠账，如电话费、电费、物业管理费、取暖费等；

(2) 没有固定不可移动装修物品的破坏；

(3) 房屋本身没有影响房屋使用或美观的破坏；

(4) 其他。

第八条 关于产权办理的约定

本协议签订后，甲乙双方应向房屋所在区（县）房地产交易所申请办理房屋买卖立契过户手续，并按有关规定申领房屋所有权证。办理上述手续时产生的税费及相关费用，由甲乙双方依照有关规定缴纳。

第九条 有关争议

本协议未尽事宜，双方可签订补充协议。本协议的附件和双方签订的补充协议为本协议不可分割的组成部分，具有同等法律效力。当本合同在履行中发生争议时，双方协商解决。协商不能解决的，双方均有权向该房屋所在地的人民法院提起诉讼。

第十条 附则

本协议一式四份，甲乙双方各执一份，房屋所在区（县）交易所留存一份，见证方一份。均具有同等法律效力。自双方签字盖章之日起生效。

甲方（签字）： 乙方（签字）：

见证方（签字）：

____年____月____日

五、案例分析

案例9-1

李某在某市有四间房。当其外迁时，便将产权证书和房屋一起交其堂叔代管，并告知他说3年后还回来，不要卖房。3年后，张某见房屋价格日趋上涨，便自作主张，将房屋卖给了王某，双方签订了协议，并办理了产权变更手续。随后，王某将房屋租与赵某经营餐厅。李某听说后，赶回某市诉至法院，要求王某恢复原状，返还房屋。该案应如何处理？

案件分析：张某超越代理权而与王某订立房屋买卖合同，未经房主追认，该合同无效。张某只是李某房屋的房产代管人，并未授权其房屋买卖的权利，张某的行为明显已超越代理权。根据法律规定，没有代理权、超越代理权或者代理权终止后的行为，只有经过被代理人的追认，被代理人才承担民事责任。未经追认的行为，由行为人承担民事责任。因此，该买卖协议无效。

王某与赵某之间的房屋租赁协议无效。根据法律规定，无效的民事行为，从行为开始起就没有法律约束力。因此，王某尽管与张某达成买卖协议，并办理了房屋产权变更，但由于该买卖协议无效到订立协议之时，因此，他没有对房屋的所有权，没有处分、管理、使用房屋的任何权利。因此房屋的租赁协议是无效的，至于赵某的损失，则按法律追究张的责任。

张某超越代理权代为出卖房屋，未得李某追认，应承担因此造成的责任。赵某误租了张某出卖给王某的房屋，并投资进行装修，该买卖合同和租赁合同的无效，迫使他不得不腾退房屋，停止营业，其装修房屋的损失以及停止营业的损失都应由张某负责赔偿。只有这样，才能真正体现法律的价值取向。

处理结果：张某与王某之间的买卖协议无效；王某与赵某之间的租赁协议无效；赵某于判决生效后10日内将房屋交给李某；张某赔偿赵某财产损失。

案例9－2

原告金甲与被告金乙是兄弟，第三人林某是两人的母亲。2000年12月7日，三人到市公证处办理了赠与公证手续，第三人自愿将某路8号二楼全层房产赠与原、被告二人共有。2005年2月21日，被告将人民币2.5万元交给第三人转交给原告，原告于同年3月30日写《收据》一份，写明："人民币2.5万元作为房屋转让费的款项，今后某路8号二楼的房产权归被告所有。"2005年12月6日，被告与第三人到某区公证处办理了赠与公证，第三人自愿将该房屋产权无偿赠与给被告，双方并在公证处的询问笔录上签字认可赠与及接受赠与。笔录中均未提及该房产的第一次赠与公证。原告于2010年11月知道被告与第三人重新办理了赠与公证后，认为该份公证是在未撤销第一份赠与公证的情况下做出的，应属无效，被告长期占用其一半房屋，应属侵权，遂诉至法院，要求被告停止侵权，归还其一半房屋，并赔偿损失。某区人民法院认定两次赠与均未签订赠与合同，亦未办理所有权转移登记手续，产权仍为第三人所有，故驳回原告的诉讼请求。被告不服，向市中级人民法院上诉，市中级人民法院驳回上诉，维持原判。该案应如何处理？

案例分析：赠与合同的性质应当依照《合同法》的规定，属诺成性合同。即双方就赠与的内容达成合意，合同即成立生效。

房屋赠与合同属于房屋转让合同，是要式合同，应当以书面形式订立，口头形式不成立。房屋赠与双方必须到房屋管理部门办理所有权过户登记手续，房屋所有权才发生转移。如果房屋赠与双方已到房屋管理部门办理所有权过户登记手续，《合同法》第三十六条规定："法律、行政法规规定或者当事人约定采用书面形式订立合同，当事人未采用书面形式但一方已经履行主要义务，对方接受的，该合同成立。"则房屋赠与合同成立且生效，房屋所有权也发生了转移。

六、案例实操

案例 9-3

2008 年 8 月 30 日，刘某（男，42 岁）与李某（女，34 岁）签订一份门面房转让合同，合同约定李某将位于县府前街中段路东的 3 号门面房转让给刘某，转让费 570 000 元。合同签订当天，刘某向李某支付了 550 000 元转让费并接收该房屋，并对房屋进行了装修。装修好房屋刚开始营业不久，刘某得知所转让的房屋即将拆迁，感到十分惊讶，刚开业不久房屋将面临被拆除，将造成很大损失。请问：如果你是刘某的委托代理人，应如何处理此案？

案件提示： 要从《合同法》和《物权法》角度分析该房屋转让合同是否存在欺诈行为，以此分析合同是否有效。

案件处理：

____

____

____

案例 9-4

2009 年 7 月，朱某（女，45 岁）和卜某（女，39 岁）双方经协议约定：卜某将位于江海分厂外的华中酒楼二楼活动房四间、卫生间、楼梯、走廊及底楼和二楼屋内全部装潢、酒店设施（包括音响、空调、厨房设备、桌椅等）转让给朱某，转让款共计人民币 20 万元。朱某即于当日支付转让款 12 万元，并约定余款 8 万元分两次在 2009 年 8 月 30 日前付 2 万元、12 月 30 日前付 6 万元。朱某于 2010 年 2 月起实际取得华中酒楼经营权。

请你根据上述情况，拟订一份房屋转让协议。

案件提示： 要求符合房屋转让协议格式、合同的主要内容不能缺少。

案件处理：

____

____

____

任务三　房屋租赁

案例导学

2008 年 7 月 16 日，汪某（女，28 岁）与叶某（女，32 岁）签订房屋租赁协议一份，该协议约定：由汪某租用叶某的房屋，每月租金为3 200元，租期从2008年9月1日至2009年8月31日止，房租为每月交租一次，每月6日前以现金支付形式一次性支付，若汪某无故拖欠租金及水、电、管理费，逾期一天加罚5%的滞纳金，超过五天，叶某有权无条件收回该房屋，押金不退。租赁合同签订后，汪某按约交纳了押金4 400元给叶某并搬入该房屋居住，后汪某以现金形式支付了2008年9月的租金。之后，就再没有支付租金，但都按时缴纳水、电费。汪某在租用叶某房屋期间，将房屋内饭厅和客厅的三面墙的颜色由白色改漆成红色。2008年底叶某以汪某未按时足额交付租金为由，要求汪某搬离其房屋。汪某不同意搬出，2009年1月底，叶某办理了该房屋的停电停水手续，2009年2月26日，该房屋被停电停水，导致汪某无法在该房屋内居住。此案中，汪某在房屋租赁中存在哪些问题？叶某有没有权利办理该房屋的停电停水手续？

评析：

本案中当事人汪某与叶某是一种房屋租赁关系，汪某是出租人，叶某是承租人。房屋租赁是指房屋所有权人作为出租人将其房屋出租给承租人使用，由承租人向出租人支付租金的行为。房屋租赁既是一种商品交换的形式，也是一种民事法律行为。本案中出租人汪某租用叶某的房屋，并签订房屋租赁协议一份，但就支付了一个月的房租，之后就没再支付房租，显然违背了双方的租赁合同确定的权利与义务的关系，承租人叶某有权要求承租人汪某继续支付租金，否则出租人叶某有权无条件收回该房屋。在收回该房屋使用权前，出租人叶某无权办理该房屋的停电停水手续。

一、房屋租赁概述

（一）房屋租赁的概念

房屋租赁是指房屋所有权人（或委托的经营人和授权的房屋使用人）作为出租人将其房屋出租给承租人使用，由承租人向出租人支付租金的行为。

（二）房屋租赁的特征

房屋租赁既是一种商品交换的形式，又是一种民事法律行为。由于租赁的对象具有特殊性，所以房屋租赁具有以下主要特征：

（1）房屋租赁只涉及房屋权属中的使用权，不转移房屋权属中的所有权。房屋租赁的承租人，对房屋享有的是一种占有权和使用权，对房屋没有处分权。承租人只能按照租赁合同规定合理使用房屋，租赁期满后，将房屋归还出租人，不能擅自将租赁的房屋转租，如果在租赁期间内要将房屋转租，必须经过出租人的同意。

（2）房屋租赁有期限限制。《合同法》第二百一十四条规定："租赁期限不得超过二十年。超过二十年的，超过部分无效。租赁期间届满，当事人可以续订租赁合同，但约定的租赁期限自续订之日起不得超过二十年。"

二、房屋租赁的条件

公民、法人或其他组织对享有所有权的房屋和国家授权管理和经营的房屋可以依法出租。房屋所有权人可以将房屋出租给承租人居住或提供给他人从事经营活动及以合作方式与他人从事经营活动。但下列情形的房屋不得出租：

（1）未依法取得《房屋所有权证》的；

（2）司法机关和行政机关依法裁定，决定查封或者以其他形式限制房地产权利的；

（3）共有房屋未取得共有人同意的；

（4）权属有争议的；

（5）属于违章建筑的；

（6）不符合安全标准的；

（7）已抵押，未经抵押权人同意的；

（8）不符合公安、环保、卫生等主管部门有关规定的；

（9）有关法律、法规规定禁止出租的其他情形。

三、房屋租赁合同

房屋租赁合同是出租人与承租人双方约定，在一定期限内，出租人将特定的房屋转移给承租人使用、收益，承租人支付租金的一种权利义务关系的协议。

房屋租赁合同是一种双务、有偿、诺成合同，应当签订书面租赁合同。

（一）房屋租赁合同的内容

房屋租赁，出租人和承租人应当签订书面租赁合同，约定租赁期限、租赁用途、租赁价格、修缮责任等条款，包括以下主要内容：当事人姓名或者名称及住所；房屋的坐落、面积、装修及设施状况；租赁用途、租赁期限、租金及交付方式；房屋修缮责任；转租的约定、变更和解除合同的条件、违约责任；当事人约定的其他条款。

在上述条款中，租赁期限、租赁用途、租金及交付方式、房屋的修缮责任是其必备条款。

1. 租赁期限

租赁期限是指租赁关系的起始与终止的日期，租赁合同应有明确的租赁期限。根据《合同法》第二百一十四条第一款规定："租赁期限不得超过二十年。超过二十年的，超过部分无效。"出租人有权在签订租赁合同时明确租赁期限，并在租赁期满前，收回房屋。承租人有义务在房屋租赁期满后返还承租的房屋，如需继续租用原租赁的房屋，应当在租赁期满前，征得出租人的同意，并重新签订租赁合同。出租人应当按照租赁合同约定的期限将房屋交给承租人使用，并保证租赁合同期限内承租人的正常使用。出租人在租赁合同期满前需要收回房屋的，应当事先征得承租人同意，并赔偿承租人的损失。未定租期的，出租人要求收回房屋自住的，一般应当准许。承租人有条件搬迁的，应责令其搬迁；如果承租人搬迁确有困难的，可给一定期限让其找房或者腾让部分房屋。

2. 租赁用途

租赁用途是指房屋租赁合同中规定的出租房屋的使用性质。承租人应当按照租赁合同规定的使用性质使用房屋，不得变更使用用途，确需变更的，应当征得出租人同意，并重新签订租赁合同；承租人与第三者互换房屋时，应当事先征得出租人的同意。换房后，原租赁合同即行终止，新的承租人应与出租人另行签订租赁合同。

3. 租金及交付方式

租赁合同应当明确约定租金标准及支付方式。租金标准必须符合有关法律、法规的规定。出租人除收取房租外，不得收取其他费用。承租人应当按照约定交纳租金，不得拒交或拖欠，承租人拖欠租金，出租人有权收取滞纳金。

4. 房屋的修缮责任

出租住宅用房的自然损坏或合同约定由出租人修缮的，由出租人负责修复。不及时修复致使房屋发生破坏性事故，造成承租人财产损失或者人身伤害的，应当承担赔偿责任。租用房屋从事生产经营活动的，修缮责任由双方当事人在租赁合同中约定。

（二）租赁合同的变更、解除和终止

租赁合同一经签订，即具有法律效力，租赁双方应当严格遵守。但经双方协商一致，或者符合法律规定，当事人可以变更解除和终止租赁合同。

合法租赁合同的终止一般有两种情况：一是合同的自然终止；二是合同的人为终止。

1. 合同的自然终止

（1）租赁合同到期，合同自行终止。承租人需继续租用房屋的，应当在租赁期限届满前3个月提出，并经出租人同意，重新签订租赁合同。

（2）符合法律规定或合同约定可以解除合同条款的。

（3）因不可抗力致使合同不能继续履行的。

上述原因终止租赁合同，使一方当事人遭受损失的，除依法可以免除责任的外，应当由责任方负责赔偿。

2. 合同的人为终止

（1）将承租的房屋擅自转租的。

（2）将承租的房屋擅自转让、转借他人或私自调换使用的。

（3）将承租的房屋擅自扩改结构或改变承租房屋使用用途的。

（4）无正当理由，拖欠房租6个月以上的。

（5）公有住宅用房无正当理由闲置6个月以上的。

（6）承租人利用承租的房屋从事非法活动的。

（7）故意损坏房屋的。

（8）法律、法规规定的其他租赁人可以收回房屋的情况。

发生上述行为的，出租人除终止租赁合同外，还可请求赔偿由此造成的经济损失。

房屋租赁合同示范文本如下。

房屋租赁合同（范本）

出租人（甲方）：__________________证件类型及编号：__________________

租赁代理机构：__________________备案证明编号：__________________

承租人（乙方）：__________________证件类型及编号：__________________

依据《中华人民共和国合同法》及有关法律、法规的规定，甲方委托代理出租房屋的房地产经纪机构（即租赁代理机构）和乙方在平等、自愿的基础上，就房屋租赁的有关事宜达成协议如下。

第一条　房屋基本情况

（一）房屋坐落于北京市________区（县）________街道办事处（乡镇）________，建筑面积________平方米。

（二）房屋权属状况：甲方持有（□房屋所有权证/□公有住房租赁合同/□房屋买卖合同/□其他房屋来源证明文件），房屋所有权证书编号：________或房屋来源证明名称：________，房屋所有权人（公有住房承租人、购房人）姓名或名称：________，房屋（□是/□否）已设定了抵押。

第二条　房屋租赁情况及登记备案

（一）租赁用途：________；如租赁用途为居住的，居住人数为：________，最多不超过________人。

（二）如租赁用途为居住的，甲方应自与乙方订立本合同之日起7日内，到房屋所在地的社区来京人员和出租房屋服务站办理房屋出租登记手续。对多人居住的出租房屋，乙方应将居住人员情况告知甲方，甲方应当建立居住人员登记簿，并按规定报送服务站。本合同变更或者终止的，甲方应自合同变更或者终止之日起5日内，到房屋所在地的社区来京人员和出租房屋服务站办理登记变更、注销手续。在本合同有效期内，居住人员发生变更的，乙方应当自变更之日起2日内告知服务站，办理变更登记手续。

乙方为外地来京人员的，应填写《来京人员信息登记表》（见附件一）；居住人员中有外地来京人员的，甲方应提供相关证明，督促和协助乙方到当地公安派出所办理暂住证；居住人员中有境外人员的，（□甲方/□乙方）应自订立本合同之时起24小时内到当地公安派出所办理住宿登记手续。

租赁用途为非居住的，甲方应自订立房屋租赁合同之日起30日内，到房屋所在地的房屋行政管理部门办理房屋租赁合同备案手续。

第三条　租赁期限

（一）房屋租赁期自________年________月________日至________年________月________日，共计________年________个月。甲方应于________年________月________日前将房屋按约定条件交付给乙方。《房屋交割清单》（见附件二）经甲乙双方交验签字盖章并移交房门钥匙及________后视为交付完成。

（二）租赁期满或合同解除后，甲方有权收回房屋，乙方应按照原状返还房屋及其附属物品、设备设施。甲乙双方应对房屋和附属物品、设备设施及水电使用等情况进行验收，结清各自应当承担的费用。

乙方继续承租的，应提前________日向甲方提出（□书面/□口头）续租要求，协商一致后双方重新签订房屋租赁合同。

第四条　租金及押金

（一）租金标准及支付方式：________元/（□月/□季），租金总计：人民币________元整（￥：________）。

租金支付方式：押________付________，各期租金支付日期：________，________，________。甲方委托的租赁代理机构在________银行开立房屋租赁代理租金专用账户（以下简称“租金账户”），该账户信息可通过北京房地产中介行业协会网站

（www. breaa. cn）和北京建设网（www. bjjs. gov. cn）查询，账号为______________，乙方通过第________种方式按期将租金（含押金）交存到租金账户：

1. 委托租金账户开户行按合同约定代扣租金，乙方在__________________银行开设付款账户，账号为______________。

2. 乙方将租金直接汇入租金账户（包括汇款、转账或 POS 机刷卡等方式）。

3. 因乙方原因不能将租金直接存入租金账户，乙方委托租赁代理机构代交租金。租赁代理机构应在 24 小时内将租金存入租金账户，不得直接收存或存入其他账户。

（二）押金：人民币________元整（￥：______________）。租赁期满或合同解除后，房屋租赁押金除抵扣应由乙方承担的费用、租金，以及乙方应当承担的违约赔偿责任外，剩余部分应如数返还给乙方。

第五条　其他相关费用的承担方式

租赁期内的下列费用中，______________由甲方承担，________________________由乙方承担：(1) 水费；(2) 电费；(3) 电话费；(4) 电视收视费；(5) 供暖费；(6) 燃气费；(7) 物业管理费；(8) 房屋租赁税费；(9) 卫生费；(10) 上网费；(11) 车位费；(12) 室内设施维修费；(13) ______________费用。

本合同中未列明的与房屋有关的其他费用均由甲方承担。如乙方垫付了应由甲方支付的费用，甲方应根据乙方出示的相关缴费凭据向乙方返还相应费用。

第六条　佣金

本合同签订后（□即时/□________日内），租赁代理机构可按月租金的________%收取佣金人民币________元整（￥：__________________），其中乙方应向租赁代理机构支付月租金的________%，即人民币________元整（￥：__________________）作为佣金，支付方式：□现金/□转账支票/□银行汇款（甲乙双方支付的佣金总额应不超过月租金标准）。

第七条　房屋维护及维修

（一）甲方应保证出租房屋的建筑结构和设备设施符合建筑、消防、治安、卫生等方面的安全条件，不得危及人身安全；承租人保证遵守国家、北京市的法律法规规定以及该房屋所在小区的物业管理规约。

（二）租赁期内，甲乙双方应共同保障该房屋及其附属物品、设备设施处于适用和安全的状态：

1. 对于该房屋及其附属物品、设备设施因自然属性或合理使用而导致的损耗，乙方应及时通知甲方修复。甲方应在接到乙方通知后的________日内进行维修。逾期不维修的，乙方可代为维修，费用由甲方承担。因维修房屋影响乙方使用的，应相应减少租金或延长租赁期限。

2. 因乙方保管不当或不合理使用，致使该房屋及其附属物品、设备设施发生损坏或故障的，乙方应负责维修或承担赔偿责任。

第八条　转租

除甲乙双方另有约定以外，乙方需事先征得甲方书面同意，方可在租赁期内将房屋部分或全部转租给他人，并就受转租人的行为向甲方承担责任。

第九条　合同解除

（一）经甲乙双方协商一致，可以解除本合同。

（二）因不可抗力导致本合同无法继续履行的，本合同自行解除。

（三）甲方有下列情形之一的，乙方有权单方解除合同：

1. 迟延交付房屋达________日的。

2. 交付的房屋严重不符合合同约定或影响乙方安全、健康的。

3. 不承担约定的维修义务，致使乙方无法正常使用房屋的。

（四）乙方有下列情形之一的，甲方有权单方解除合同，收回房屋：

1. 不按照约定支付租金达________日的。

2. 欠缴各项费用达________元的。

3. 擅自改变房屋用途的。

4. 擅自拆改变动或损坏房屋主体结构的。

5. 保管不当或不合理使用导致附属物品、设备设施损坏并拒不赔偿的。

6. 利用房屋从事违法活动、损害公共利益或者妨碍他人正常工作、生活的。

7. 擅自将房屋转租给第三人的。

（五）其他法定的合同解除情形。

第十条　违约责任

（一）甲方有第九条第三款约定的情形之一的，应按月租金的________%向乙方支付违约金；乙方有第九条第四款约定的情形之一的，应按月租金的________%向甲方支付违约金，甲方并可要求乙方将房屋恢复原状或赔偿相应损失。

（二）租赁期内，甲方需提前收回该房屋的，或乙方需提前退租的，应提前________日通知对方，并按月租金的________%支付违约金，甲方还应退还相应的租金。

（三）因甲方未按约定履行维修义务造成乙方人身、财产损失的，甲方应承担赔偿责任。

（四）甲方未按约定时间交付该房屋或者乙方不按约定支付租金但未达到解除合同条件的，以及乙方未按约定时间返还房屋的，应按____________________标准支付违约金。

第十一条　合同争议的解决办法

本合同项下发生的争议，由双方当事人协商解决；协商不成的，依法向有管辖权的人民法院起诉，或按照另行达成的仲裁条款或仲裁协议申请仲裁。

第十二条　其他约定事项

____

____。

本合同经双方签字盖章后生效。本合同（及附件）一式________份，其中甲方执________份，乙方执________份，租赁代理机构一份，________执________份。

本合同生效后，双方对合同内容的变更或补充应采取书面形式，作为本合同的附件。附件与本合同具有同等的法律效力。

出租人（甲方）签章：	承租人（乙方）签章：
租赁代理机构签章：	国籍：
委托代理人：	委托代理人：
联系方式：	联系方式：
年　月　日	年　月　日

附件一　　　　房屋附属家具、电器、装修及其他设备设施状况及损赔

名称	品牌	单位	数量	单价	损赔额	名称	品牌	单位	数量	单价	损赔额

附件二　　　　其他相关费用

项目	单位	单价	起计时间	起计底数	项目	单位	单价	起计时间	起计底数
水费					上网费				
电费					车位费				
电话费					租赁税费				
收视费									
供暖费									
燃气费									
物业费									
卫生费									

<table>
<tr><td rowspan="3">交房确认</td><td colspan="2">对上述情况，乙方经验收，认为符合房屋交验条件，并且双方已对水、电、燃气等费用结算完结，同意接收。</td></tr>
<tr><td colspan="2">交房日期：　　　　年　月　日</td></tr>
<tr><td>甲方（出租人）签章：</td><td>乙方（承租人）签章：</td></tr>
<tr><td rowspan="3">退房确认</td><td colspan="2">甲乙双方已对房屋和附属物品、设备设施及水电使用等情况进行了验收，并办理了退房手续。有关费用的承担和房屋及其附属物品、设备设施的返还 □ 无纠纷/□ 附以下说明：________________。</td></tr>
<tr><td colspan="2">退房日期：　　　　年　月　日</td></tr>
<tr><td>甲方（出租人）签章：</td><td>乙方（承租人）签章：</td></tr>
</table>

四、房屋转租

（一）房屋转租的含义

房屋转租是房屋承租人将自己承租的房屋再次出租给他人的行为。

《商品房屋租赁管理办法》第十一条第一款规定：“承租人转租房屋的，应当经出租人书面同意。”

房屋转租，应当订立书面转租合同。转租合同必须经原出租人书面同意，并按照有关规定办理登记备案手续。

（二）房屋转租的特点

(1) 房屋转租的标的可以是承租房屋的一部分，也可以是承租房屋的全部。

(2) 房屋转租关系确立之后，原房屋租赁关系并不终止，接受转租的人并不直接与原出租人发生关系。

(3) 房屋转租，应当订立书面转租合同。转租合同必须经原出租人书面同意，并按照有关规定办理登记备案手续。

(4) 转租期间，原租赁合同变更、解除或者终止，转租合同也随之相应变更、解除或者终止。

(5) 转租合同生效后，转租人享有并承担新的租赁合同规定的出租人的权利和义务，并且应当履行原租赁合同规定的承租人的义务，但出租人与转租双方另有约定的除外。

(6) 房屋转租合同的终止日期不得超过原租赁合同规定的终止日期，但出租人与转租双方协商约定的除外。

五、房屋租赁的注意事项

(一) 房屋租赁用途不得任意改变

房屋租赁双方在租赁合同中，明确了房屋用途，这就要求出租人在交付租赁房屋时，应提供有关房屋使用中的特殊要求，并明确通知承租人，保证承租人按照租赁房屋的性能、用途，正确合理地使用出租房屋，并对其正常磨损不承担责任；承租人在承租房屋上添加新用途时，应征得出租人的同意，相应的开支由双方约定。只要承租人按合同约定的用途合理使用租赁房屋，租赁期满返还房屋时的合理磨损，出租人不得要求赔偿。房屋是经营还是自住，承租人不能随意改动，更不得利用承租房屋从事违法犯罪活动。

(二) 违法建筑不得出租

在城市规划区内，未取得城市规划行政主管部门核发的建设工程规划许可证或者违反建设工程规划许可证的规定新建、改建和扩建建筑物、构筑物或其他设施的，都属违法建筑。违法建筑本体的非法性，使其根本不具备租赁客体合法、安全等条件，属于禁止出租的范围。根据《商品房屋租赁管理办法》的规定，属于违法建筑的房屋不得出租。因此，下列建筑物不得出租：

(1) 房屋加层、屋面升高的建筑物。

(2) 庭园住宅和公寓庭院内的建筑物、构筑物。

(3) 小区、街坊、新村等地区建造的依附于房屋外墙的建筑物、构筑物。

(4) 小区空地、绿地、道路旁的搭建物。

(5) 逾期未拆除的，未占用道路的施工临时建筑物、构筑物。

(三) 房屋租赁与房屋抵押的关系

房屋租赁与房屋抵押的关系有两种情形：其一，房屋先租赁，后抵押；其二，房屋先抵押，后租赁。本质上，抵押权与租赁关系二者之间并无冲突。上述两种情形都是允许的，但二者在法律后果上不一样。

1. 房屋先租赁，后抵押

我国《担保法》和《城市房地产抵押管理办法》的规定，以已出租的房地产抵押的，抵押人应当将租赁情况告知抵押权人，并将抵押情况告知承租人，原租赁合同继续有效。这时，抵押人不需征得承租人的同意，只要履行告知手续，便可将已租赁出去的房屋再抵押给抵押权人。而且，抵押权实现后，租赁合同在有效期间内对抵押物的受让人继续有效。

2. 房屋先抵押，后租赁

根据《城市房地产抵押管理办法》的规定，经抵押权人同意，抵押房地产可以转让或者出租。也就是说，只有经过抵押权人同意之后，抵押物的出租才是合法的。根据最高人民法院对《担保法》的司法解释规定，抵押人将已抵押的财产出租的，抵押权实现后，租赁合同对受让人不具有约束力。那么因为租赁合同的解除对承租人造成损失，应该区别不同情形分别处理：抵押人将已抵押的财产出租时，如果抵押人未书面告知承租人该财产已抵押的，抵押人对出租抵押物造成承租人的损失承担赔偿责任；如果抵押人已书面告知承租人该财产已抵押的，抵押权实现造成承租人的损失，由承租人自己承担。

六、案例分析

案例 9－5

黄某有楼房两间，其中一间于 1985 年出租给某市百货总店。双方在租赁契约中约定，出租人在租赁期间如确要收回自用或出卖、出典、拆建等，得于 3 个月前通知承租人搬迁，承租人不得借故拖延或有任何要求。1991 年 9 月，黄某以房屋需要修建和自己急需用房为由，要求收回该房。市百货总店则提出，该房已作为商业网点不能撤销，不同意退租。1992 年 9 月，黄某领到市城建局翻建房屋许可证后，即行拆房改建，因百货总店拒不腾房，拆房中途停止。经市有关部门调解，同年 12 月出租人在一定压力下，不得已与承租人签订了租赁、修建协议。协议书的主要内容是承租人要在 1992 年 12 月 30 日以前搬出该房。出租人应于 1993 年 4 月 30 日前把房修好交承租人租用。但在市公证处办理公证过程中，出租人没有在公证书正本上签名盖章，并拒绝受领公证文书。1993 年 4 月房屋修好，承租人要求用房，出租人不承认公证文书，坚持要求按 1985 年的租赁契约收房自用。为此，诉讼到法院。法院经审理认为，由于双方所订租赁、修建协议并非出租人真实意思的表示，故协议无效，不予保护。至于公证问题，出租人没有在公证文书正本上签字，此公证不能成立。本案应按 1985 年双方所订的房屋租赁契约的规定处理。据此判决如下：双方于 1992 年 12 月所签订的租赁、修建协议无效，出租人因自己急需用房，确要收回自用，承租人应于判决生效后 3 个月内搬出该承租房。该案应如何处理？

案例分析：合同是当事人双方意思表示一致的协议，是一种民事法律行为，它表现的是民事主体基于一定目的而确立双方之间的权利和义务关系。这种协议必须是民事主体在自愿意志的情况下作出的不受非法干涉、威胁与欺诈的真实的意思表示，是表达了当事人在订立合同时的真实的想法、意识的协议。意思表示真实，是合同成立的重要条件之一。任何以欺诈、胁迫手法使当事人违背自己意志而达成的协议都是无效的。本案中，出租人在有关部门的压力下，不得不违背自己的意志与市百货总店重新订立了租赁、修建协议，该协议应属无效。

出租人与承租人于 1985 年签订的租赁契约是在双方协商一致的基础上签订的，反映了双方的真实意思，是有效的，应予保护。出租人因自己急需用房而要求收回房屋自用，依照 1985 年的契约是可以的，应当保护出租人对房屋的合法所有权。

案例 9-6

石某（男，45 岁）是上海一家外资企业引进的高级管理人员。石某与公司签订的劳动合同约定，除工资以外，公司每月支付住房补贴人民币 4 000 元。石某经房屋中介公司介绍向李某（男，58 岁）租赁房屋一套，根据双方签订的租赁合同，每月租金4 500元，租赁期限为 8 年。双方还约定，经出租人同意，承租人可以对房屋进行装潢，租赁期满后，屋内装潢归属由双方协商处理。石某经李某同意后，对房屋进行了豪华装潢，并将妻儿一同迁来上海居住。合同正常履行 3 年后，石某与公司发生劳动争议，公司拒绝继续支付住房补贴，石强因此未能按约及时支付李某房屋租金。在石某停止支付租金 9 个月后，李某向法院起诉，要求解除双方的租赁关系。法院审理中，石某也同意解除租赁合同，但双方对合同解除后房屋内的装潢归属发生争议。石某认为，自己支付昂贵费用装潢的房屋只租住了 3 年，出租人李某应按现价进行补偿。李某认为，房屋租赁合同提前解除是石某的过错，由此造成的损失应由石某自行承担，自己不应再作补偿。该案应如何处理？

案例分析：法院经审理后认为，本案中导致租赁合同提前解除的直接原因是石某未能按约定及时支付房屋租金。《合同法》第二百二十七条规定："承租人无正当理由未支付或者迟延支付租金的，出租人可以要求承租人在合理期限内支付。承租人逾期不支付的，出租人可以解除合同。"本案中，石某与单位发生劳动争议，公司停发住房补贴，这和石某与李某的房屋租赁是两个不同的法律关系。石某收入的减少，不是其拖欠李某租金的正当理由。所以，造成租赁关系提前解除的过错责任在于石某，李某不需对屋内装潢承担赔偿责任。但考虑到石某在装潢前征得了李某的同意，且装潢的价值较大，对李某的居住用房确实还有再利用的价值，所以法院委托中介机构对现有装潢进行价格评估后，判决解除双方租赁合同，出租人李某对承租人石某装潢费用作酌情补偿。

房屋租赁合同被提前解除后，对承租人在房屋内的装潢，属于动产的，由承租人自己取回。附着在建筑物之上，无法剥离或剥离后影响其价值的装潢，处理的基本原则是：有约定从约定，无约定从法定。没有约定的，应当区分不同情况，按照当事人的过错责任分别处理。第一种情形是装潢未经出租人同意的。因租赁人的过错导致合同被提前解除的，租赁人无权要求出租人对装潢损失进行补偿。因为在这种情况下，如果要求出租人补偿，对其而言该补偿将构成强制得利的补偿。而依照不当得利的规则，强制得利是不应补偿的。因出租人的过错导致合同被提前解除的，出租人应当对承租人的装潢进行适当补偿。双方都有过错的，因考虑到承租人擅自装潢，且对租赁合同提前解除也存在过错，故出租人一般不予补偿。第二种情形是装潢经出租人同意的。合同提前解除是出租人过错的，出租人因对承租人的装潢损失进行赔偿；承租人过错的，出租人不赔偿其装潢损失。除非是留下来的装潢物对出租人确实还有再利用的价值，且价值较大的，可由出租方酌情给予补偿（本案就是这种情形）。双方混合过错的，按照双方的责任大小，按照比例分摊装潢损失。还有一种特殊的情况是，合同约定租赁关系结束后，装潢归出租人所有。但在合同履行过程中，因一方违约而导致合同被提前解除。这种情况下，装潢归出租人所有的前提条件是合同正常履行完毕。出租人违约造成该条件不能成就的，承租人有权要求出租人对装潢损失作补偿。如承租人违约的，应视作承租人阻止该条件的成就，装潢应无偿归出租人所有。但装潢对出租人确实还有利用价值的，可酌情补偿。当然，还有一种情况是承租人搭建的违章建筑。因为违章建筑不受法律保护，所以不管搭建是否经过出租人的同意，都不得要求补偿。

房屋租赁市场中，双方协议或因一方过错而致合同提前解除的现象屡见不鲜，如未对双方权利义务作过明确约定，往往容易引发诉讼。为防止发生争议和纠纷，也为了保护自己的权利，租赁双方应当特别注意合同的签订，对各自的权利义务要尽量详细明确地进行书面约定。就房屋装潢来说，应在合同中约定承租人是否可以进行装潢，租赁合同履行完毕后或被提前解除的装潢怎样处理，如无偿归出租人所有，或者应折价后归出租人所有，或者承租人应当恢复到租赁前的原状。

对承租人而言，在装潢前应征得出租人的书面同意，并根据合同的目的、租赁期限的长短和双方对装潢处理的约定进行适度的装潢。对出租人而言，要注意对证据的保全。在将房屋交付给承租人使用之前，最好能通过摄影摄像等方法将房屋、家具及有关的设备原状予以固定，以避免在租赁期限到期后要求承租人将房屋恢复原状时发生争议或在诉讼中无法提供证据。对特殊的装潢及房屋内煤气、热水器等可能影响人身安全的设备的使用有义务对承租人作专门的说明，应特别约定这些装潢和设备的安全检查和维修义务。

案例 9－7

高某（女，29 岁）与周某（男，35 岁）口头约定：高某将一处二间门面房租给周某，租期 5 年，租金每月 4 000 元。合同履行 2 年后，周某向高某提出能否将门面房转租给翁某，高某表示同意。周某遂与翁某达成租期 3 年，月租金 5 500 元的口头协议。翁某接手后，擅自拆除了门面房隔墙。周某与翁某租赁协议是否有效？

案例分析：《城市房地产管理法》第五十四条规定："房屋租赁，出租人和承租人应当签订书面租赁合同，约定租赁期限、租赁用途、租赁价格、修缮责任等条款，以及双方的其他权利和义务，并向房产管理部门登记备案。"法律规定房屋租赁合同应当采用书面形式，但现实中，口头房屋租赁合同大量存在。此类合同是否具备法律效力呢？答案是肯定的。根据《合同法》第二百一十五条的规定，租赁期限 6 个月以上的，应当采用书面形式。当事人未采用书面形式的，视为不定期租赁。据此，本案高某与周某间的租赁合同、周某与翁某间的租赁合同均为不定期租赁。

根据《合同法》第二百二十四条的规定，承租人经出租人同意，可以将租赁物转租给第三人。承租人转租的，承租人与出租人之间的租赁合同继续有效，第三人对租赁物造成损失的，承租人应当赔偿损失。承租人未经出租人同意转租的，出租人可以解除合同；据此，转租后实际上形成了两个租赁合同：一个是出租人与承租人之间的租赁合同；另一个是承租人与第三人之间的租赁合同，两个合同互不隶属，并按照合同的相对性原理各自独立履行。本案例中，周某将房屋转租后，高某仅有权按原约定的每月 4 000 元向周某收取租金；对于翁某擅自拆除门面房隔墙的行为，出租人高某无权要求翁某承担违约责任，但有权要求周某承担违约责任，如恢复原状或者赔偿损失。

七、案例实操

案例 9－8

2005 年 1 月 20 日，原告张某（男，46 岁，乙方）与被告万里公司（甲方）签订《房屋租赁合同书》，双方约定：甲方同意将坐落于文山路 98 号楼的 1、2、5 层楼及伙房，院内除配电室、暖气房以外的五间房屋租给乙方使用，租期为 5 年，从 2005 年 4 月 28 日起至 2010 年 4 月 28 日止，年租金为 5 万元，由乙方按年计付，每年 4 月 28 日前首付 50%，余下年底结清；合同期满，甲方提供给乙方的水、电、暖、桌、椅、凳、空调应完好无损地交给甲方，如有损坏按原价赔偿（具体数量按附表）；期内，水、电费由乙方负担；乙方在承租期间，由于使用不当或自行改建房屋造成损坏，要负责修复或赔偿损失；乙方要按规定时间足额缴付租金，无正当理由超过规定三个月不交纳租金，甲方有权收回所租的房屋。合同签订后，被告万里公司将涉案房屋的钥匙交付给原告。此后，原告张某开始以“金桥大酒店”的名义根据经营餐饮业的需要对房屋进行装修、购置相关设备、招收员工并进行了一定时期的广告宣传。但“金桥大酒店”并未经工商注册。2005 年 3 月 20 日，海丰公司书面通知张某：“你们协议所指向的租赁物的所有权不属万里公司，我单位也从未委托万里公司对外签订房屋租赁合同，故你与万里公司签订的房屋租赁合同无效，望你接函后务必于十日内与万里公司协商解除合同，逾期我单位将依法行使权利。”并附有房屋权属的证明。原告庭审中承认于 2005 年 3 月 25 日收到海丰公司的函件特快专递。2005 年 4 月 7 日，被告万里公司以电报形式通知原告解除合同：“你与我单位 2005 年 1 月 20 日签订房屋租赁合同后，海丰公司得知，立即通知我单位要求与你解除合同，理由是该房产权不属于我单位，为此，我单位进行了查证后，得知该房产权不属我公司，故希望你与我单位及时协商解除合同，以避免给你造成不应有的损失。”此案应如何处理？

案件提示：房屋租赁合同有效性之一就是主体的合法性。本案如果存在主体问题，要分析导致合同解除的过错方属于谁。

案件处理：

案例 9－9

2007 年 6 月 7 日费某准备将自己的一间店面房（面积 50 平方米）租给了沈某开服装店，双方简单约定了租期为四年，即自 2007 年 6 月 7 日起至 2011 年 6 月 6 日止，租金每年 3 万元，每年的 6 月 7 日付清一年的租金，其他事项没约定。

请你根据上述情况，拟订一份房屋租赁合同。

案件提示：要求符合房屋租赁合同格式、合同的主要内容不能缺少。

案件处理：

任务四 物业抵押

案例导学

吴某（男，34 岁）与徐某（男，36 岁）是朋友关系。2007 年 5 月，吴某向徐某借款 390 000 元购买位于深圳市一小区楼房屋一套，后吴某迟迟不还款给徐某，给徐某造成了经济损失。2009 年 8 月，双方经协商，同意将吴某在深圳所购上述房屋的产权作抵押。但吴某因购房的时候尚欠银行贷款港币 167 000 元，无法办理抵押手续。徐某应该怎么办？

评析：

吴某向徐某借款 390 000 元购买位于深圳市一小区楼房屋一套，他们之间形成了民事上的借贷关系，吴某为借款人，徐某为出借人，他们之间的民间借贷关系受法律保护。本案借款人吴某迟迟不还款给出借人徐某，属于违约，造成了徐某经济损失，应该承担违约责任，出借人徐某可以通过民事诉讼途径解决借贷纠纷。由于吴某在深圳所购上述房屋的产权已与银行办理了抵押，因此，该房屋不可重复进行抵押。

一、物业抵押概述

（一）物业抵押的概念

物业抵押是指抵押人以其合法的物业以不转移占有的方式向抵押权人提供债务履行担保的行为。物业抵押法律关系成立后，债务人到期不能清偿债务时，抵押权人有权依法以抵押的房地产折价、拍卖或者变卖所得的价款优先受偿。在这一概念中，包括以下几层含义：

（1）抵押人必须是对物业享有所有权或者土地使用权的人，即抵押人对抵押物必须享有处分权。

（2）抵押人以其合法的以物业不转移占有的方式，依然实际控制着物业，向抵押权人提供担保。

（3）向抵押权人提供债务履行担保。抵押人拿自己合法的物业向抵押权人设定抵押，目的是向债权人提供履行债务的一种保证。

（二）物业抵押的特征

物业抵押属于担保法律制度中的物的担保，抵押物又是特定的不动产，这种担保物权具有以下法律特征。

1. 物业抵押的从属性

物业抵押权是为担保债权而设立的，它与所担保的债权形成主从关系，相对于债权关系，它具有从属性。具体表现为：物业抵押权以主债权的存在为前提；抵押权在债权期限届满不受清偿时行使；抵押权是抵押人为抵押权人提供的财产上享有的一种物权。它的作用在于保证债权顺利受偿，减少主债权不能受偿的风险性。

2. 物业抵押的不可分性

物业抵押与担保的债权不可分离，抵押权因主债权的消灭而消灭。

3. 物业抵押的代位性

物业抵押权是一种价值支配权抵押权是一种担保物权，它以物的交换价值为内容，即抵押权人的目的不是取得抵押物的使用价值，而是取得抵押物的价值。抵押权人有权在债务人不履行债务时，将用作担保的抵押物加以处分、变卖，但无权对抵押物加以使用和收益。

4. 物业抵押的优先受偿权

房地产抵押权是一种优先受偿权抵押权是一种他物权，抵押权的实质和担保作用在于：抵押权人得以通过实现抵押物的价值，优先受偿。即抵押人在债务履行期届满时不履行债务，抵押权人有权依照法律规定，以用作抵押物的房屋和土地，按照法定程序进行拍卖，就卖得的价款，抵押权人可以从中优先受偿。

5. 物业抵押的要式性

物业抵押要式性表现在两个方面：第一，抵押双方必须签订书面合同。《城市房地产管理法》第五十条规定："房地产抵押，抵押人和抵押权人应当签订书面抵押合同。"第二，物业抵押要办理抵押登记。《城市房地产管理法》第六十二条第一款规定："房地产抵押时，应当向县级以上地方人民政府规定的部门办理抵押登记。"

二、物业抵押的条件与范围

（一）物业抵押的条件

（1）根据《城市房地产管理法》第四十八条的规定，依法取得的房屋所有权连同该房屋占用范围内的土地使用权和以出让方式取得的土地使用权可以设定抵押权。在抵押时，一般情况只能将房屋所有权与土地使用权同时设定抵押，不能将房产与地产分离设定抵押，既不能单独抵押房屋，也不能单独抵押土地，更不能将房屋和土地分别抵押给不同的抵押权主体。土地使用权单独设立抵押权，必须是出让的国有土地使用权。

（2）根据国家土地管理局关于土地使用权抵押登记有关问题的通知规定，土地使用权抵押权的合法凭证是《土地他项权利证明书》，土地使用证不作为抵押权的法律凭证。抵押权人不得扣押土地证书。抵押权人扣押的土地证书无效，土地使用权人可以申请原土地证书作废，并办理补发新证手续。

（二）物业抵押的限制性条件

《城市房地产抵押管理办法》第八条规定，下列房地产不得设定抵押：

（1）权属有争议的房地产；

（2）用于教育、医疗、市政等公共福利事业的房地产；

（3）列入文物保护的建筑物和有重要纪念意义的其他建筑物；

(4) 已依法公告列入拆迁范围的房地产；

(5) 被依法查封、扣押、监管或者以其他形式限制的房地产；

(6) 依法不得抵押的其他房地产。

(三) 设定物业抵押的特殊规定

(1) 以出让土地使用权设定抵押权的，抵押权设定前原有的地上房屋及其他附属物应当同时设定抵押。以在建工程已完工部分抵押的，其土地使用权随之抵押。《担保法》规定，乡（镇）、村企业的土地使用权不得单独抵押。以乡（镇）、村企业的厂房等建筑物抵押的，其占用范围内的土地使用权同时抵押。

(2) 抵押人可以将几宗房地产一并抵押也可以将一宗房地产分割抵押，但再次抵押时，只能就财产价值大于所担保的债权余额部分设定抵押，且抵押人应将前一抵押事实告知抵押权人。

(3) 以享受国家优惠政策购买的房地产抵押的，其抵押额以房地产权利人可以处分和收益的份额比例为限。

(4) 以出让方式取得的土地使用权抵押的，不得违背国家有关土地使用权有偿出让、转让的规定和土地使用权出让合同的约定。以具有土地使用年限的房地产设定抵押的，所担保债务的履行期限不得超过土地使用权出让合同规定的使用年限减去已经使用年限后的剩余年限。

(5) 国有企业、事业单位法人以国家授予其经营管理的房地产抵押的，应当符合国有资产管理的有关规定。

(6) 以集体所有制企业的房地产抵押的必须经集体所有制企业职工（代表）大会通过，并报其上级主管机关备案。

(7) 以中外合资企业、合作经营企业和外商独资企业的房地产抵押的，必须经董事会通过，但企业章程另有规定的除外。

(8) 以有限责任公司、股份有限公司的房地产抵押的，必须经董事会或者股东大会通过，但企业章程另有规定的除外。

(9) 有经营期限的企业以其所有的房地产设定抵押的，所担保债务的履行期限不应当超过该企业的经营期限。

(10) 以共有的房地产抵押的，抵押人应当事先征得其他共有人的书面同意。

(11) 以预购商品房贷款抵押的，商品房开发项目必须符合房地产转让条件并取得商品房预售许可证。

(12) 以已出租的房地产抵押的，抵押人应当将租赁情况告知抵押权人，并将抵押情况告知承租人，原租赁合同继续有效。

(13) 企、事业单位法人分立或合并后，原抵押合同继续有效。其权利和义务由变更后的法人享有和承担，或者在分立或者合并时明确。

(14) 抵押人死亡、依法被宣告死亡或者宣告失踪时，其房地产合法继承人或者代管人应当继续履行原抵押合同。

(15) 抵押当事人约定对抵押房地产保险的，由抵押人为抵押的房地产投保，保险费由抵押人负担。抵押房地产投保的，抵押人应当将保险单移送抵押权人保管。在抵押期间，抵押权人为保险赔偿的第一受益人。

(16) 学校、幼儿园、医院等以公益为目的的事业单位、社会团体，可以其教育设施、医疗卫生设施和其他社会公益设施以外的财产（包括房屋）为自身债务设定抵押。

三、物业抵押合同

（一）物业抵押合同的概念

物业抵押合同是抵押人与抵押权人为了保证债权债务的履行，明确双方权利义务关系的协议。物业抵押合同是债权债务合同的从合同，债权债务的主合同无效，抵押从合同也无效。物业抵押，抵押人与抵押权人必须签订书面抵押合同。

（二）物业抵押合同的内容

《城市房地产抵押管理办法》第二十六条规定，房地产抵押合同应当载明下列主要内容：

(1) 抵押人、抵押权人的名称或者个人姓名、住所；

(2) 主债权的种类、数额；

(3) 抵押房地产的处所、名称、状况、建筑面积、用地面积以及四至等；

(4) 抵押房地产的价值；

(5) 抵押房地产的占用管理人、占用管理方式、占用管理责任以及意外损毁、灭失的责任；

(6) 抵押期限；

(7) 抵押权灭失的条件；

(8) 违约责任；

(9) 争议解决方式；

(10) 抵押合同订立的时间与地点；

(11) 双方约定的其他事项。

以预购商品房贷款抵押的，须提交生效的预购房屋合同。以在建工程抵押的，抵押合同还应当载明以下内容：(1)《固有土地使用权证》《建设用地规划许可证》和《建设工程规划许可证》编号；(2) 已交纳的土地使用权出让金或需交纳的相当于土地使用权出让金的款额；(3) 已投入在建工程的工程款；(4) 施工进度及工程竣工日期；(5) 已完成的工作量和工程量。

若抵押权人要求抵押房地产保险的，当事人应当在合同中约定，并在保险合同中将抵押权人作为保险赔偿金的优先受偿人。

抵押权人要求在房地产抵押后限制抵押人出租、转让抵押房地产或者改变抵押房地产用途的，抵押当事人应当在抵押合同中载明。

《担保法》第四十条规定："订立抵押合同时，抵押权人和抵押人在合同中不得约定在债务履行期届满抵押权人未受清偿时，抵押物的所有权转移为债权人所有。"

（三）物业抵押合同登记

根据《城市房地产抵押管理办法》的规定，房地产抵押合同自签订之日起 30 日内，抵押当事人应当到房地产所在地的房地产管理部门办理抵押登记。办理抵押登记时，抵押双方应向登记机关交验下列文件：

（1）抵押当事人的身份证明或法人资格证明。

（2）抵押登记申请书。

（3）抵押合同。

（4）《国有土地使用权证》《房屋所有权证》或《房地产权证》，共有的房屋还必须提交《房屋共有权证》和其他共有人同意抵押的书面证明。

（5）可以证明抵押人有权设定抵押权的文件与证明材料。

（6）可以证明抵押房地产价值的材料。

（7）登记机关认为必要的其他文件。

登记机关对申请人的申请进行审核，凡权属清楚、证明材料齐全的，应当在受理登记之日起 7 日内作出是否准予登记的书面答复。以依法取得房屋所有权证书的物业抵押的，登记机关应当在原《房屋所有权证》上作他项权利记载后，由抵押人收执，并向抵押权人颁发《房屋他项权证》。以预售商品房或者在建工程抵押的，登记机关应当在抵押合同上作记载。抵押的房地产在抵押期间竣工的，当事人应当在抵押人领取房地产权属证书后，重新办理房地产抵押登记。抵押合同发生变更或者抵押关系终止时，抵押当事人应当在变更或者终止之日起 15 日内，到原登记机关办理变更或者注销抵押登记。

《城市房地产管理法》规定房地产抵押应当签订书面抵押合同并办理抵押登记。《担保法》规定，房地产抵押合同自登记之日起生效。房地产抵押未经登记的，抵押权人不能对抗第三人，对抵押物不具有优先受偿权。

物业抵押合同示范文本如下。

抵押合同（范本）

抵押人名称：________住所：________________

法定代表人或主要负责人：____________

开户金融机构：________账号：________________

电话：________________邮政编码：________________

抵押权人名称：________住所：________________

法定代表人或主要负责人：____________

电话：________________邮政编码：________________

合同签订日期：____________________

合同签订地点：____________________

抵押人（以下称甲方）：____________________

抵押权人（以下称乙方）：____________

为确保________年________字第________号合同（以下简称主合同）的履行，甲方愿意以自有财产作抵押。乙方经审查，同意接受甲方的财产抵押。甲、乙双方经协商一致，按以下条款订立本合同：

第一条　甲方用作抵押的财产（详见抵押财产清单）。

第二条　本合同项下抵押财产共作价（大写）人民币________万元整，抵押率为________%，实际抵押额为________万元整。

第三条　甲方应妥善保管抵押物，在抵押期间应有维修、保养、保证完好无损的责任，并随时接受乙方的检查。

第四条　抵押财产中的＿＿＿＿＿＿＿＿＿＿必须由甲方办理财产保险，并将保险单交乙方保存。

第五条　在本合同有效期内，甲方不得出售和馈赠抵押财产；甲方迁移、出租、转让、再抵押或以其他任何方式转移本合同项下抵押财产的，应取得乙方书面同意。

第六条　抵押财产意外毁坏的风险承担。

第七条　本合同项下有关公证、保险、签订、登记、运输、保管等费用由甲方承担。

第八条　本合同生效后，如需变更合同条款，应经抵押人同意并达成书面协议。

第九条　本合同有效期内，甲方如发生分立、合并，由变更后的机构承担或分别承担本合同项下义务。甲方被宣布解散或破产，抵押财产由乙方提前处分，以所获价款优先受偿。

第十条　出现下列情况之一时，乙方有权依法定方式处分抵押财产：

1. 主合同约定的还款期限已到，借款人未依约偿还借款本息或所延期限届满仍不能偿还借款本息；

2. 借款人被宣告解散、破产；

3. 借款人死亡而无继承人履行合同。

处理抵押财产所得价款，不足以偿还贷款本息和费用的，乙方有权另行追索；价款偿还贷款本息还有余的，乙方应退还给甲方。

第十一条　主合同借款人按期偿还借款本息的，抵押权终止。经抵押登记的财产，乙方应偕同甲方到登记机关办理核销登记。

第十二条　本合同生效后，甲、乙任何一方不得擅自变更或解除合同，需要变更或解除合同的，应经双方协商一致，达成书面协议。协议未达成前，本合同条款自然有效。

第十三条　违约责任：

1. 因甲方保管不善，造成抵押财产毁损，乙方有权要求甲方恢复抵押财产原状，或提供经乙方认可的抵押财产。

2. 甲方违反本合同第五条规定，擅自处分抵押财产的，乙方视情况要求甲方恢复原状，并提前收回主合同项下贷款，并可要求甲方支付贷款总额＿＿＿＿%的违约金。

3. 甲方隐瞒抵押财产存在共有，争议、被查封、被扣押或已经设定过抵押权等情况而给乙方造成经济损失的，应予赔偿。

4. 甲、乙任何一方违反本合同第十二条规定，应向对方支付主合同项下贷款总额＿＿＿＿%的违约金。

5. 本合同有效期内，未经抵押人同意，变更主合同条款或转让主合同项下的权利义务的，甲方可自行解除本合同。

第十四条　争议解决方式：

因本合同发生争议的，双方协商解决或经调解解决，如仍不能解决争议的，可向合同签订地人民法院起诉或向仲裁委员会申请仲裁。

第十五条　双方商定的其他事项：＿＿＿＿＿＿＿＿＿＿

第十六条　本合同由甲、乙双方法定代表人或主要负责人签字并加盖单位公章，并经登记后生效。

第十七条　本合同正本一式两份，甲、乙双方各执一份。

甲方：（公章）＿＿＿＿＿＿＿＿　　　　乙方：（公章）＿＿＿＿＿＿＿＿

＿＿＿＿年＿＿＿＿月＿＿＿＿日

四、抵押物的占用、管理和处分

（一）抵押人对抵押物依法占用和管理

已作抵押的房地产，由抵押人占用与管理。抵押人对占用和管理的物业负有下列责任：

（1）抵押人在抵押房地产占用与管理期间应保持抵押物的安全、完好，抵押权人有权按照抵押合同的规定监督、检查抵押房地产的管理情况。

（2）除国家建设需要进行拆迁外，未征得抵押权人的书面同意，抵押人不得将已设定抵押权的房地产出售、交换、赠与、拆除或者改建。根据《担保法》的规定，抵押人未通知抵押权人或者告知受让人的，转让行为无效。

抵押人转让或者出租抵押物所得价款，应当向抵押权人提前清偿所担保的债权。超过债权数额的部分，归抵押人所有，不足部分由债务人清偿。

（3）因国家建设需要，将已设定抵押权的房地产列入拆迁范围的，抵押人应当及时书面通知抵押权人；抵押双方可以重新设定抵押房地产，也可以依法清理债权债务，解除抵押合同。

（4）抵押人占用与管理的房地产发生损毁、灭失的，抵押人应当及时将情况告知抵押权人，并应当采取措施防止损失的扩大。抵押的房地产因抵押人的行为造成损失使抵押房地产的价值不足以作为履行债务的担保时，抵押权人有权要求抵押人重新提供或者增加担保以弥补不足。

抵押人对抵押房地产价值减少无过错的，抵押权人只能在抵押人因损害而得到的赔偿的范围内要求提供担保。抵押房地产价值未减少的部分，仍作为债务的担保。

（二）抵押物业的处分

（1）抵押物处分的前提条件一般情况下，实现抵押权有一个前提，那就是债务履行期届满，而债权人未受到清偿的，这时，债权人可以行使抵押权，处理抵押物以实现其债权。按照《城市房地产抵押管理办法》，下列任何情况出现，抵押权人有权要求处分抵押的物业：

1）债务履行期满，抵押权人未受到清偿，抵押人也未能与抵押权人达成延期履行协议的。

2）抵押人死亡或者被宣告死亡而无人代为履行到期债务，或者抵押人的合法继承人、受遗赠人拒绝履行到期债务的。

3）抵押人被依法宣告解散或者破产的。

4）抵押人违反本办法的有关规定，擅自处理抵押物业的。

5）抵押合同约定的其他情况。

（2）抵押权实现的方式经抵押当事人协商可以通过拍卖等合法方式处分抵押物业，根据《担保法》的规定，房地产抵押权的实现方式包括以下三种：

1）折价，也就是债务履行期届满，抵押人不能履行债务以后，抵押权人与抵押人协议，参照市场价格确定一定的价款，把抵押物的所有权由抵押人转移给抵押权人，从而使债权得以实现。但不得损害其他债权人的利益。

2）拍卖，抵押权实现的最为普遍的一种方式。它是以公开竞争的方法把标的物卖给出价最高的买者。

3）变卖，一般是指出卖财物，换取现款的行为。变卖无须公告，不受时间的限制，不用对卖出的标的物进行估价，确定底价，然后通过竞价的方式确定标的价值。

（3）房地产抵押权实现的限制条件：

1）抵押权人处分抵押房地产，应当事先书面通知抵押人；抵押房地产为共有或者出租的，应当同时书面通知共有人和承租人，在同等条件下，共有人和承租人依法享有优先购买权。

2）处分抵押房地产，可以依法将土地上新增的房屋与抵押财产一同处分，但对处分新增房屋所得，抵押权人无权优先受偿。

3）以划拨方式取得的土地使用权连同地上建筑物设定的房地产抵押进行处分时，应当从处分所得的价款中缴纳相当于应当缴纳的土地使用权出让金的款额后，抵押权人方可优先受偿。

（4）抵押物业处分所得的清偿顺序在抵押物业存在多个债权并存的情况下，物业抵押受偿的顺序为：

1）抵押权优于普通债权。

2）抵押合同已登记生效的，按照抵押物登记的先后顺序受偿；顺序相同的，按照债权比例受偿。

3）抵押合同签订后，因某种原因未登记的，按照合同生效时间的先后顺序受偿，顺序相同的，按照债权比例受偿，抵押物已登记的先于未登记的受偿。

4）抵押物业处分后受偿的范围及其顺序，依照《城市房地产抵押管理办法》，处分抵押房地产所得金额，依下列顺序分配：支付处分抵押房地产的费用；扣除抵押房地产应缴纳的税款；偿还抵押权人债权本息及支付违约金；赔偿由债务人违反合同而对抵押权人造成的损害；剩余金额交还抵押人。

处分抵押房地产所得金额不足以支付债务和违约金、赔偿金时，抵押权人有权向债务人追索不足部分。

（5）抵押权的终止抵押权人对抵押房地产的处分，因下列情况而中止：

1）抵押权人请求中止时。

2）抵押人申请愿意并证明能够及时履行债务，并经抵押权人同意。

3）发现被拍卖的抵押物有权属争议。

4）诉讼或仲裁中的抵押房地产。

5）其他应当中止的情况。

五、案例分析

案例 9－10

2003 年 8 月，刘某与张某在某市城市规划区光明村 46 号建房一栋，总造价为 12 万元，由刘某出资 8.5 万元，张某出资 3.5 万元，房屋左侧 1 套间系房屋的 1/3 产权归张某所有，右侧 1 套间及厅堂即该房屋 2/3 产权归刘某所有。2004 年该屋以张某的名字补办了宅基地使用证手续。2005 年 5 月 30 日，张某把属于自己的 1 套间作价 4 万元卖给刘某。刘某及时付清了买房款，双方订立买卖协议。买房时，刘某向张某取宅基地使用证时，张某说证已遗失，并写了书面报告请求土地管理部门予以补发。由于土地管理部门未及时办理，刘某没能得到补发的宅基地使用证和房屋产权证。2005 年 8 月 30 日，张某在第三人处贷款 6.5 万元，第三人要求其提供担保，张某就凭原宅基地使用证同第三人签订了贷款合同，合同书中写明“以光明村 46 号房屋抵押”，合同书的附件是张某光明村 46 号原宅基地使用证。2006 年 9 月 18 日刘某持张某出具的遗失证明领取了土地管理部门补发的宅基地使用证，并对该栋房屋进行了产权登记。张某知道这一切并未提出异议。2006 年 12 月，第三人因张某未能如期偿还贷款，要求行使抵押权，刘某起诉到当地人民法院，请求判决该抵押无效。试问：第三人能否行使抵押权？被告与第三人签订的抵押合同是否有效？

案例分析：本案的关键是诉争房屋能否设定抵押。为此必须掌握设定抵押物的条件。可以对案例作如下分析：

（1）张某对诉争房屋已没有处分权，即以自己不享有处分权利的他人财产设定抵押，并采取提供宅基地使用证的方式误导第三人以为张某对抵押物确有处分权利，属于欺诈行为，根据《合同法》的规定，一方当事人采取欺诈所签订的合同为无效合同。所以，我们可以认定该抵押合同无效。

（2）第三人与张某订立的贷款合同中明确约定以“光明村 46 号房屋抵押”，而合同附件不是诉争的房屋的产权证明，只是张某向刘某出售房屋前的宅基地使用证，合同中两项内容矛盾，第三人未能按规定审查和核实，该抵押行为无效。

案例 9－11

1995 年，王某同其丈夫李某共同修建了一栋房屋。2000 年李某去世，死时未留遗嘱。李某死后该栋房屋由王某同其子李甲共同居住。2005 年，李甲开办了一个零售商店，因资金不足向他人借款 3 万元，并用王某的房屋办理了抵押。但李甲设定房屋抵押的这一行为没有告知其母王某。2006 年初，李甲所借债务到期，因其生意连年亏本，无法清偿债务。债权人于是告到法院，要求法院查封这栋房屋。这时王某才知其子的抵押行为。王某提出，该房屋是她同其丈夫生前共同修建的，她对该房屋拥有所有权，其子对该房屋无权设定抵押，要求法院确认该份抵押合同无效。该案应如何处理？

案例分析：本案的关键在于未经共有人同意而设定的房屋抵押是否有效，可以对案例作如下分析：

（1）根据案情事实，李甲之父李某死时没留下遗嘱，那么对其遗产的处分应该按法定继承来进行。根据我国《继承法》的有关规定，本案王某现住房屋为王某与其丈夫共同所有，因此李某死后只能将房屋的一半作为其遗产进行处理，而且这一半房屋也应由王某同其子各继承一半，所以，李甲只对该栋房屋的 1/4 拥有所有权。

（2）根据《城市房地产抵押管理办法》的规定，物业抵押要求抵押人必须是对物业享有所有权的人。以共有的房地产抵押的，抵押的人应当事先征得其他共有人的书面同意。而本案李甲未经其他共有人的书面同意，擅自将共有房屋抵押，显然其行为无效。

案例 9－12

1990 年，天津市某有限责任公司将公房分配给张某、刘某夫妇居住。因该房地处较远，子女照顾不便，张某与刘某未曾前去居住，一直居住在其子女处。2000 年刘某去世。2001 年起由单位改制的物业服务企业将该房出租给曹某，订有租期为 1 年的《临时借房协议书》，并以物业服务费名义按每月 300 元的标准，一次性收取 12 个月的费用 3 600 元，还向曹某收了押金 1 000 元。2002 年 2 月租期届满，某物业服务企业又与曹某续订了租期仍为 1 年的《临时借房协议》，继续收取 1 年 3 600 元的物业服务费。2002 年 10 月国庆节期间，张某的子女偶然去该房发现已被他人居住，并被换了门锁。节后，张某委托子女与物业服务企业交涉，物业服务企业解释说：误以为该房屋为已无人居住的空房而统一重新出租的，可以协商解决这一误会，退还部分费用，但不同意全部退还。张某不满意物业服务企业的解释和解决方式，于是向人民法院起诉，要求某物业服务企业按其收取的7 200 元赔偿损失。根据以上案情回答：人民法院应如何审理此案？请说明理由。

案例分析：根据公房管理有关规定取得的公有房屋的承租使用权，是一种特殊的物业使用权，公房承租使用权是特定的物权属性，因而更使这种公房承租使用权得以独立于公房所有人、出租人权利之外。公房承租使用人占有、使用及有条件的处分权既可对抗公房出租人，又可对抗不特定第三人。

本案中，张某依法取得了该房屋的承租使用权，只要不出现有关公有住房管理规定可以收回的四种情况，即“将承租的房屋擅自转手或变相转手且他人的；承租人全家迁离本市的；承租人全家在国外定居，已超过规定保留期限的；利用承租房屋进行违法活动的”。张某作为物业使用权人在占有、使用甚至有条件的处分的权利当然可以对抗物业服务企业。物业服务企业擅自再行出租归其管理的公房，与曹某签订《临时借房协议》的行为，显然构成了对张某物业居住使用权的不法侵害，张某有权依法要求其承担侵权责任。

因此，人民法院法审理后认为，公民合法的民事权益受法律保护，任何组织不得侵犯。张某依法取得房屋使用权后，物业服务企业擅自又将房屋出租，既违反了有关公有房屋管理的规定，又直接侵犯了张某的合法居住使用，取得的收益没有合法根据，因其已退还曹某四个月的费用 1 200 元。故判决某物业服务企业返还张某 6 000 元，并承担诉讼费用。

六、案例实操

案例 9－13

2006 年 1 月 16 日，吴某向王某借款 10 万元，借款期限自 2006 年 1 月 16 日起至 4 月 16 日止，月利率 3%。吴某在借款单的借款人位置上签了名。江某在借款单上表示愿将其位于该市某小区的 12—131 号房屋作为借款抵押物，并将该房屋的产权证交王某收执，还在借款单上的担保人位置上签写自己的姓名。2006 军 4 月 6 日，江某去世。借款期满后，王某多次催讨，吴某仍无法还款。王某遂向当地人民法院对吴某及江某的法定继承人提起诉讼。

原告诉称：被告吴某向他借款 10 万元，江某提供其位于该市某小区的 12—131 号房屋作为该笔借款的抵押物。期满后，经多次催要，被告吴某仍没还款，江某又已去世，故起诉要求吴某还款 10 万元并支付利息，并由江某的法定继承人承担连带责任或拍卖抵押物以清偿债务。

被告江某法定继承人答辩称：抵押担保合同未履行登记手续，是无效的。故要求法院驳回对其提出的诉讼请求。该案应如何处理？

案件提示： 重点分析该案抵押担保是否有效。

案件处理：

____

____

____

案例 9 - 14

陈某和杨某夫妇，自有一套房产，房产价值 90 万元。因孩子上重点学校需在学校附近购买一套房产，房产价值 100 万元，夫妻两人由于没有首付资金，遇到贷款方面的问题，于是准备将一套自有房产向银行申请房屋抵押贷款，年限为 10 年，用来做购买房产的首付款。同时向银行申请二手房按揭贷款购买价值 100 万元的房产，年限为 20 年，提出申请 60 万元的额度。

请你根据上述情况，为陈某和杨某夫妇拟订一份房屋抵押合同。

案件提示： 要求符合房屋抵押合同格式、合同的主要内容不能缺少。

案件处理：

____

____

____

项目小结

物业交易是指以物业为对象进行的转让、租赁和抵押等各种民事法律行为。物业交易既包括房产使用权的转让，也包括房产所有权的交易。物业交易又具有以下特点：对象的特殊性；形式的确定性；行为的要式性。物业交易应遵循以下两个原则：房地一体原则；依法登记原则。物业转让是指物业权利人通过买卖、赠与或者其他合法方式将其物业转移给他人的行为。物业转让最主要的方式是买卖转让。房屋租赁是指房屋所有权人（或委托的经营人和授权的物业使用人）作为出租人将其房屋出租给承租人使用，由承租人向出租人支付租金的行为。物业抵押是指抵押人以其合法的物业以不转移占有的方式向抵押权人提供债务履行担保的行为。物业抵押属于担保法律制度中的物的担保，抵押物又是特定的不动产，这种担保物权具有以下法律特征：物业抵押的从属性；物业抵押的不可分性；物业抵押的代位性；物业抵押的优先受偿权；物业抵押的要式性。

职业实训练习

- **实训目的**

(1) 了解物业交易的类型；

(2) 学会办理物业转让手续。

- **实训内容**

联系一个中介所，协助办理物业转让。

- **实训要求**

(1) 从中介所收集一个真实的案例；

(2) 分组开展实训。

图书在版编目（CIP）数据

物业管理法规/王锡耀编著. —北京：中国人民大学出版社，2018.4
ISBN 978-7-300-22548-7

Ⅰ.①物… Ⅱ.①王… Ⅲ.①物业管理-法规-中国-高等职业教育-教材 Ⅳ.①D922.181

中国版本图书馆 CIP 数据核字（2016）第 042113 号

"十二五"职业教育国家规划教材
经全国职业教育教材审定委员会审定

物业管理法规

王锡耀　编著

Wuye Guanli Fagui

出版发行	中国人民大学出版社			
社　　址	北京中关村大街 31 号		**邮政编码**	100080
电　　话	010－62511242（总编室）			010－62511770（质管部）
	010－82501766（邮购部）			010－62514148（门市部）
	010－62515195（发行公司）			010－62515275（盗版举报）
网　　址	http://www.crup.com.cn			
经　　销	新华书店			
印　　刷	北京溢漾印刷有限公司			
规　　格	185 mm×260 mm　16 开本		**版　　次**	2018 年 4 月第 1 版
印　　张	10.75		**印　　次**	2020 年 10 月第 3 次印刷
字　　数	253 000		**定　　价**	29.00 元